주님의 기도

하늘에 계신 우리의 어버이,

하나님의 존함이 영광을 받으시고,

하나님의 나라가 오게 하여 주십시오,

하나님의 뜻이 하늘에서와 같이

땅에서도 이루어지게 하여 주십시오.

오늘 우리에게 나날이 먹을 량식을 주시고,

우리들 자신이

우리에게 죄 지은 사람들을 용서해 준 것처럼,

우리 죄를 용서하여 주십시오.

우리를 유혹에 빠지지 않게 하시고,

우리를 악으로부터 구원하여 주십시오.

(나라도 권력도 영광도

영원히 어버이 하나님의 것입니다.

아멘)

마태 6:9-13

하나님의 약속
요한

English-North Korean Bilingual Bible
영어 – 평양말 대역 성경 | 예수 후편

하나님의 약속

요한

평양성경연구소 편

홍성사

Contents

차례

Preface

By the grace of God, Pyongyang Bible Institute(PBI), located in a suburb of Washington DC, published its first book called the English–North Korean Bilingual Bible.

PBI's mission is to publish the Bible in the North Korean Standard Language for Northerners to read and understand.

During about 70 years(1945~2012) of motherland division, the northern language developed in very different ways from the southern. Therefore, now Northerners can't understand the southern bible.

The northern language has changed through the 'Language Revolution' in the early 1960's. All the Chinese or foreign origin words were removed to create the North Korean Standard Language. In NK, no publication contains a single Chinese character and people no longer have names containing Chinese characters.

Given this situation, there is an urgent need for the Bible in North Korean Standard Language.

The English–North Korean Bilingual Bible is the product of translating an English Bible titled 《The NET Bible》(New English Translation, 2011) into the NK Standard Language. In March, 2011, PBI acquired permission to translate and publish from this translation copyrighted by Biblical Studies Press, L.L.C.

《The NET Bible》 is written with modern English words and sentences, and it has now been rapidly disseminated to people in all over the world through the Internet.

PBI has made steady progress in laying the foundation and making preparations before translating 《The NET Bible》 into North Korean.

First of all, for ten years, PBI produced 《Bible Stories for South and North to Read Together.》 This consists of 25 stories about Biblical characters. This book is in three segments and is translated from North Korean into English.

Secondly, over more than 13 years PBI developed 《The Re-unification Dictionary of the North and South Korean Language.》 This dictionary defines and clarifies the South Korean words not known in North Korea and vice versa.

Without the prior publications above, the translation of 《The NET Bible》 into North Korean would not have progressed as smoothly as it has.

The English-NK Bilingual Bible will be published under the title of 《The Promise of God》, consisting of 'Before Jesus Christ' and 'After Jesus Christ'.

They will be published, at first in installments and, when completed, all portions in one volume.

The English-NK Bilingual Bible applies direct translation method so that it will help Northerners who have learned the Russian language to understand the contents of the Bible and learn English by themselves.

Every participants translating 《The NET Bible》 into North Korean and reviewing are doing their best to ensure linguistic consistency and accuracy. Professionals and Ph.D students in various fields, like linguistics, theology, law, and science are joining this process.

The whole project has been led by Prof. Hyun Sik Kim, Chairman of PBI.

- Participating in Korean War as a soldier of North Korean People's Army, 1950
- Professor at Pyongyang Kim Hyung Jik Education University, 1954~1987
- Exchange Professor at the Russian National Education University, 1988~1991
- Professor at Seoul Foreign Language University, and the KCIA University, 1994~1999
- Visiting Professor at New Orleans Baptist Theological Seminary in the US, 2001~2002
- Visiting Professor at Yale University Divinity School in the US, 2003~2006
- Research Professor at George Mason University in the US, 2007~Present

머리말

미국의 수도 워싱턴 교외에 있는 평양성경연구소(Pyongyang Bible Institute)에서는 하나님의 은정으로, 영어-평양말 대역 성경의 첫 분책 요한 편을 세상에 내놓았다.

평양성경연구소의 사명은 우리 조국의 북녘 사람들이 읽고 리해할 수 있는 평양말로 된 성경을 써내는 것이다.

우리 조국의 분단 근 70년(1945~2013) 사이에, 북녘의 말과 글에서는 많은 변화가 생겼다. 그리하여 지금에 와서, 남쪽의 성경을 북쪽 사람들이 읽어도 그 뜻을 알 수 없다.

북한에서는 1960년대 초부터 시작된 '언어혁명'에 의하여, 말과 글에서 어려운 한자어와 외래어가 평양말로 다듬어졌다. 그리하여 북쪽의 모든 출판물에서 한자는 한 글자도 찾아볼 수 없고, 심지어 사람들의 이름자도 한자로 쓰지 않는다. 또한 말과 글에서 외래어는 거의 찾아볼 수 없게 되었다.

이런 실정에서 북녘 사람들이 읽고 리해할 수 있는 평양말로 된 성경이 절실히 필요하다.

이번에 처음 출판된 영어-평양말 대역 성경은 영어 성경《The NET Bible》(New English Translation, 2011년판)을 평양말로 번역한 것이다. PBI는 2011년 3월에 이 책의 저작권 소유 기관인 미국 Biblical Studies Press, L.L.C로부터《The NET Bible》에 대한 번역 저작권을 얻었다.

《The NET Bible》은 그 속에 들어 있는 영어 단어와 문장들이 현대어로 다듬어져 있어서, 지금 세계 많은 나라 사람들에게 인터넷을 통해 급속히 보급 전파되고 있는 영어 성경이다.

PBI에서는 영어 성경《The NET Bible》을 평양말로 번역함에 앞서, 그 기초 닦기와 준비 작업을 착실히 진행하였다.

우선, 10년간의 시간을 들여 성경에서 나오는 인물 25명을 뽑아, 그들에 대한 이야기를《남과 북이 함께 읽는 성경이야기》라는 제목의 3부작으로 된 책으로 썼다. 이 책은 평양말로 된 글을 영어로 번역한 것이다.

다음으로, 13년간의 연구 끝에 북과 남의 말과 글의 차이를 밝힌 《남북 통일말 사전》도 출판해 냈다. 이 사전에는 북쪽 사람들이 모르는 남쪽 말과, 남쪽 사람들이 모르는 북쪽 말을 모두 골라내어 그 뜻을 밝혀 놓았다.

이런 연구와 출판이 선행되지 않았더라면, 영어 성경 《The NET Bible》을 평양말로 번역하는 일이 순조롭게 진행될 수 없었을 것이다.

《하나님의 약속》이라는 제목으로 번역 출판되는 영어-평양말 대역 성경은 구약인 '예수 전편'과 신약인 '예수 후편'으로 나뉘어 나가게 된다.

처음에는 분책으로 나가다가 나중에 모든 분책을 한데 묶어 한 책으로 출판할 것이다.

영어-평양말 대역 성경의 번역은 의역이 아닌 직역으로 되여 있기 때문에, 러시아어를 배운 많은 북쪽 사람들이 이 책으로 성경 내용을 파악하는 것과 함께, 영어를 자습으로 배우는 데도 도움을 받을 수 있을 것이다.

영어 성경 《The NET Bible》을 평양말로 번역, 심의히는 일에 참여하고 있는 모든 성원은 번역에서의 정확성과 과학성을 보장하기 위해 온 힘을 기울이고 있다. 여기에는 여러 분야의 사람들 즉 어학, 신학, 법학, 과학 분야의 전문가들과 함께 박사과정의 학생들도 참가하고 있다.

이 책의 번역과 심의 책임자는 김현식 교수이다. 그의 이력은 다음과 같다.

- 한국전쟁 시기 북한 인민군 병사로 참전(1950)
- 평양 김형직사범대 교수(1954~1987)
- 러시아 국립사범대 파견교수(1988~1991)
- 서울 외국어대, 국가정보대학원 강사(1994~1999)
- 미 뉴올리언즈 침례신학대학원 연구교수(2001~2002)
- 미국 예일대학교 신학대 연구교수(2003~2006)
- 미국 조지메이슨대 연구교수(2007~현재)

영어-평양말 대역 성경에 대한 저작권은 '평양성경연구소'에 있다.

JOHN
요한

The Prologue to the Gospel

1 In the beginning was the Word, and the Word was with God, and the Word was fully God.

2 The Word was with God in the beginning.

3 All things were created by him, and apart from him not one thing was created that has been created.

4 *In him was life*, and the life was the light of mankind.

5 And the light shines on in the darkness, but the darkness has not mastered it.

6 A man came, sent from God, whose name was John.

7 He came as a witness to testify about the light, so that everyone might believe through him.

8 He himself was not the light, but he came to testify about the light.

9 The true light, who gives light to everyone, was coming into the world.

10 He was in the world, and the world was created by him, but the world did not recognize him.

1

기쁜 소식의 머리말

1 처음에 말씀이 계셨다, 그리고 그 말씀은 하나님과 함께 계셨고, 그 말씀이 틀림없이 하나님이셨다.

2 그 말씀은 처음에 하나님과 함께 계셨다.

3 모든 것이 그분에 의해 창조되었다, 그리고 창조된 것 어느 하나도 그분을 떠나서는 창조되지 않았다.

4 그분 안에는 생명이 있었고, 그 생명은 인류의 빛이였다.

5 그리고 그 빛이 어둠 속에서 빛나지만, 어둠은 그것을 당해 내지 못했다.

6 하나님으로부터 보내온 한 사람이 왔는데, 그의 이름은 요한이였다.

7 그는 모든 사람들이 자기를 통해 믿을 수 있도록 그 빛에 대해 립증하기 위한 증인으로 왔다.

8 그 자신은 그 빛이 아니였다, 그러나 그는 그 빛에 대하여 립증하기 위해 왔다.

9 모든 사람들에게 빛을 주는 그 참된 빛이 세상 속으로 오고 있었다.

10 그분은 세상 속에 계셨고, 세상이 그분에 의해 창조되였으나, 세상은 그분을 알아보지 못했다.

11 He came to what was his own, but his own people did not receive him.

12 But to all who have received him – those who believe in his name – he has given the right to become God's children

13 – children not born by human parents or by human desire or a husband's decision, but by God.

14 Now the Word became flesh and took up residence among us. We saw his glory – the glory of the one and only, full of grace and truth, who came from the Father.

15 John testified about him and shouted out, "This one was the one about whom I said, 'He who comes after me is greater than I am, because he existed before me.'"

16 For we have all received from his fullness one gracious gift after another.

17 For the law was given through Moses, but grace and truth came about through Jesus Christ.

18 No one has ever seen God. The only one, himself God, who is in closest fellowship with the Father, has made God known.

The Testimony of John the Baptist

19 Now this was John's testimony when the Jewish leaders sent priests and Levites from Jerusalem to ask him, "Who are you?"

11 그분이 자기 소유였던 곳에 오셨으나, 그분의 친백성들은 그분을 맞아들이지 않았다.

12 그러나 자기를 맞아들인 모든 사람들 즉 그분의 이름을 믿는 사람들에게 그분은 하나님의 자녀들이 되는 권리를 주셨다.

13 이들은 인간의 부모들에 의해서나, 사람의 의지나 남편의 결정에 따라서가 아니라, 하나님에 의해서 태여난 자녀들이다.

14 이제 그 말씀이 육체가 되여 우리들 가운데 살게 되셨다. 우리가 그분의 영광을 보았는데, 그 영광은 아버지에게서 오신, 은정과 진리로 가득 찬, 그 유일한 분의 영광이였다.

15 요한은 그분에 대하여 립증하였고 웨쳤다. 《이분이 내가 그분에 대해서 〈내 뒤에 오시는 그분이 나보다 더 위대하시다. 왜냐하면 그분은 나보다 먼저 계셨기 때문이다〉라고 말했던 그분이였소.》

16 왜냐하면 우리 모두는 그분의 풍성함으로부터 은정어린 선물을 련이어 받았기 때문이다.

17 률법은 모세를 통하여 주어졌지만, 은정과 진리는 예수 그리스도를 통해 왔기 때문이다.

18 하나님을 본 적 있는 사람은 아무도 없었다. 아버지와 가장 가까운 교제 속에 계시고, 그분 자신이 하나님이신, 그 유일하신 분이 하나님을 알게 해주셨다.

세례자 요한의 립증

19 이것은 유태인 지도자들이 요한에게 《당신은 누구요?》라고 그에게 물어보기 위해 예루살렘에서 제사장들과 레위사람들을 보냈던 때, 요한의 립증이였다.

20 He confessed – he did not deny but confessed – "I am not the Christ!"

21 So they asked him, "Then who are you? Are you Elijah?" He said, "I am not!" "Are you the Prophet?" He answered, "No!"

22 Then they said to him, "Who are you? Tell us so that we can give an answer to those who sent us. What do you say about yourself?"

23 John said, "I am **the voice of one shouting in the wilderness, 'Make straight the way for the Lord,'** as Isaiah the prophet said."

24 (Now they had been sent from the Pharisees.)

25 So they asked John, "Why then are you baptizing if you are not the Christ, nor Elijah, nor the Prophet?"

26 John answered them, "I baptize with water. Among you stands one whom you do not recognize,

27 who is coming after me. I am not worthy to untie the strap of his sandal!"

28 These things happened in Bethany across the Jordan River where John was baptizing.

29 On the next day John saw Jesus coming toward him and said, "Look, the Lamb of God who takes away the sin of the world!

20 그는 고백했다 – 그는 부인하지 않고 고백했다 –《나는 그리스도
가 아니오!》

21 그래서 그들이 요한에게 물었다,《그렇다면 당신은 누구요? 당신
이 엘리야요?》그는 말했다,《나는 아니오!》《당신이 그 예언자
요?》그는 대답했다,《아니오!》

22 그러자 그들이 그에게 말했다,《당신은 누구요? 우리가 우리를 보
낸 사람들에게 대답을 줄 수 있도록 우리에게 말해 주시오. 당신
은 당신 자신에 대해 무엇이라고 말합니까?

23 요한이 말했다,《나는 예언자 이사야가 말했던 것처럼, 황야에서
〈주를 위해 길을 곧게 만들어라〉라고 웨치는 사람의 소리요.》

24 (그들은 바리새파 사람들로부터 보내왔다.)

25 그래서 그들은 요한에게 물었다,《당신이 그리스도가 아니고, 엘
리야도 아니며, 예언자도 아니라면, 그렇다면 왜 당신이 세례를 주
고 있소?》

26 요한이 그들에게 대답했다,《나는 물로 세례를 주오. 당신들 가운
데 당신들이 알아보지 못하는 한 분이 서 계시오.

27 그분은 내 뒤에 오고 계시오. 나는 그분의 신발 끈을 풀 자격도
없소!》

28 이런 일들은 요한이 세례를 주고 있던 요단강 건너편 베다니에서
일어났다.

29 그 다음 날에 요한은 그를 향해 오고 계시는 예수님을 보고 말했
다,《보시오, 세상의 죄를 지고 가는 하나님의 어린양이시오!

30 This is the one about whom I said, 'After me comes a man who is greater than I am, because he existed before me.'

31 I did not recognize him, but I came baptizing with water so that he could be revealed to Israel."

32 Then John testified, "I saw the Spirit descending like a dove from heaven, and it remained on him.

33 And I did not recognize him, but the one who sent me to baptize with water said to me, 'The one on whom you see the Spirit descending and remaining – this is the one who baptizes with the Holy Spirit.'

34 I have both seen and testified that this man is the Chosen One of God."

35 Again the next day John was standing there with two of his disciples.

36 Gazing at Jesus as he walked by, he said, "Look, the Lamb of God!"

37 When John's two disciples heard him say this, they followed Jesus.

38 Jesus turned around and saw them following and said to them, "What do you want?" So they said to him, "Rabbi" (which is translated Teacher), "where are you staying?"

39 Jesus answered, "Come and you will see." So they came and saw where he was staying, and they stayed with him that

30 이분이 내가 그분에 대해서 〈내 뒤에 나보다 더 위대한 분이 오신다. 그분은 나보다 먼저 계셨기 때문이다〉라고 말했던 그분이시오.

31 나는 그분을 알아보지 못했소, 그러나 나는 그분이 이스라엘에 드러날 수 있도록 와서 물로 세례를 주었소.》

32 그런 후에 요한이 립증했다, 《나는 하늘로부터 비둘기처럼 내려오시는 성령님을 보았소, 그리고 성령님이 그분 우에 머무르셨소.

33 그런데 나는 그분을 알아보지 못하였소, 그러나 물로 세례를 주게 나를 보내신 그분이 내게 말씀하셨소, 〈네가 성령님이 내려 그 우에 머무시는 것을 보는 그분, 바로 그분이 성령으로 세례를 주실 분이다.〉

34 나는 이 사람이 하나님의 선택된 사람인 것을 보기도 했고 립증하기도 하였소.》

35 다시 그 다음 날 요한은 그 제자들 중 두 명과 함께 거기에 서 있었다.

36 예수님이 지나가시자 그분을 눈여겨 보며, 그가 말했다, 《보시오, 하나님의 어린양이시오!》

37 요한의 두 제자가 그의 이 말을 들었을 때, 그들이 예수님을 따라갔다.

38 예수님이 돌아서서 따라오는 그들을 보고 그들에게 말씀하셨다, 《너희가 무엇을 원하느냐?》 그래서 그들이 그분에게 말했다, 《랍비님》 (이 말은 선생님이라고 번역됨), 《당신은 어디에 머물고 계십니까?》

39 예수님이 대답하셨다, 《오라, 그러면 너희가 볼 것이다.》 그래서 그들이 가서 그분이 머무시는 곳을 보았고, 그들은 그날 그분과

day. Now it was about four o'clock in the afternoon.

Andrew's Declaration

40 Andrew, the brother of Simon Peter, was one of the two disciples who heard what John said and followed Jesus.

41 He first found his own brother Simon and told him, "We have found the Messiah!" (which is translated Christ).

42 Andrew brought Simon to Jesus. Jesus looked at him and said, "You are Simon, the son of John. You will be called Cephas" (which is translated Peter).

The Calling of More Disciples

43 On the next day Jesus wanted to set out for Galilee. He found Philip and said to him, "Follow me."

44 (Now Philip was from Bethsaida, the town of Andrew and Peter.)

45 Philip found Nathanael and told him, "We have found the one Moses wrote about in the law, and the prophets also wrote about – Jesus of Nazareth, the son of Joseph."

46 Nathanael replied, "Can anything good come out of Nazareth?" Philip replied, "Come and see."

47 Jesus saw Nathanael coming toward him and exclaimed, "Look, a true Israelite *in whom there is no deceit!*"

48 Nathanael asked him, "How do you know me?" Jesus replied, "Before Philip called you, when you were under the

함께 머물렀다. 그때는 오후 4시쯤이였다.

안드레의 선언

40 시몬 베드로의 동생, 안드레는 요한이 한 말을 듣고 예수님을 따라갔던 두 제자 중 한 명이였다.

41 그는 먼저 그의 친형인 시몬을 찾아 그에게 말했다, 《우리가 메시아(이 말은 그리스도라고 번역됨)를 찾았다!》

42 안드레는 시몬을 예수님에게 데려갔다. 예수님은 그를 바라보고 말씀하셨다, 《너는 요한의 아들, 시몬이구나. 너는 게바(이 말은 베드로라고 번역됨)라고 불릴 것이다.》

더 많은 제자들을 부르심

43 그 다음 날에 예수님은 갈릴리로 떠나기 원하셨다. 그분은 빌립을 만나서 그에게 말씀하셨다, 《나를 따라오너라.》

44 (빌립은 안드레와 베드로의 동네인 베새다 출신이였다.)

45 빌립이 나다나엘을 찾아 그에게 말했다, 《모세가 률법에서 언급했고, 예언자들도 언급했던 그분, – 요셉의 아들, 나사렛 예수님을 우리가 만났다.》

46 나다나엘이 대답했다, 《신통한 그 무엇이 나사렛에서 나올 수 있느냐?》 빌립이 대답했다, 《와서 보아라.》

47 예수님은 자기에게 다가오는 나다나엘을 보고 격하여 말씀하셨다, 《보아라, 그 속에 거짓이 하나도 없는 참된 이스라엘 사람이다!》

48 나다나엘이 그분에게 물었다, 《어떻게 저를 아십니까?》 예수님이 대답하셨다, 《빌립이 너를 부르기 전에, 네가 무화과나무 아래에

fig tree, I saw you."

49 Nathanael answered him, "Rabbi, you are the Son of God; you are the king of Israel!"

50 Jesus said to him, "Because I told you that I saw you under the fig tree, do you believe? You will see greater things than these."

51 He continued, "I tell all of you the solemn truth – you will see heaven opened and the angels of God ascending and descending on the Son of Man."

2

Turning Water into Wine

1 Now on the third day there was a wedding at Cana in Galilee. Jesus' mother was there,

2 and Jesus and his disciples were also invited to the wedding.

3 When the wine ran out, Jesus' mother said to him, "They have no wine left."

4 Jesus replied, "Woman, why are you saying this to me? My time has not yet come."

5 His mother told the servants, "Whatever he tells you, do it."

있을 때, 내가 너를 보았다.》

49 나다나엘이 그분에게 대답했다,《선생님, 당신은 하나님의 아들이
십니다; 당신은 이스라엘의 왕이십니다!》

50 예수님이 그에게 말씀하셨다,《내가 무화과나무 아래에서 너를 보
았다고 내가 너에게 말했기에 네가 믿느냐? 너는 이것들보다 더
대단한 일들을 볼 것이다.》

51 그분은 계속하셨다,《내가 너희 모두에게 확고한 진리를 말한다
– 너희는 하늘이 열리고 하나님의 천사들이 사람의 아들 우에 오
르고 내리는 것을 볼 것이다.》

2

물을 포도술로 변화시키심

1 셋째 날에 갈릴리에 있는 가나에서 결혼식이 있었다. 예수님의 어
머니가 그곳에 있었다.

2 그리고 예수님과 그의 제자들도 결혼식에 초대되였다.

3 포도술이 다 떨어졌을 때, 예수님의 어머니가 그분에게 말했다,
《저들에게 남은 포도술이 없구나.》

4 예수님이 대답하셨다,《녀인이여, 왜 이것을 저에게 말씀하십니
까? 저의 때는 아직 오지 않았습니다.》

5 그분의 어머니가 심부름군들에게 말했다,《그분이 너희에게 무엇
을 말씀하시든지, 그대로 하여라.》

6   Now there were six stone water jars there for Jewish ceremonial washing, each holding twenty or thirty gallons.

7   Jesus told the servants, "Fill the water jars with water." So they filled them up to the very top.

8   Then he told them, "Now draw some out and take it to the head steward," and they did.

9   When the head steward tasted the water that had been turned to wine, not knowing where it came from (though the servants who had drawn the water knew), he called the bridegroom

10 and said to him, "Everyone serves the good wine first, and then the cheaper wine when the guests are drunk. You have kept the good wine until now!"

11 Jesus did this as the first of his miraculous signs, in Cana of Galilee. In this way he revealed his glory, and his disciples believed in him.

Cleansing the Temple

12 After this he went down to Capernaum with his mother and brothers and his disciples, and they stayed there a few days.

13 Now the Jewish feast of Passover was near, so Jesus went up to Jerusalem.

14 He found in the temple courts those who were selling oxen and sheep and doves, and the money changers sitting at tables.

6 거기에는 각각 20 또는 30갈론(2 또는 3동이) 들이, 유태인의 씻기
   례식을 위한 돌로 된 물 항아리들 여섯 개가 있었다.

7 예수님이 심부름군들에게 말씀하셨다, 《물로 그 물 항아리들을
   채우라.》 그래서 그들은 그것들을 맨 꼭대기까지 채웠다.

8 그러고서 그분은 그들에게 말씀하셨다, 《이제 좀 떠서 그것을 접
   대 책임자에게 가져가거라.》 그래서 그들은 그대로 하였다.

9 접대 책임자가 포도술로 변한 물을 맛보고 나서, 그것이 어디에서
   난 줄 모른 채 (물을 떠온 심부름군들은 알았지만), 그는 새서방을
   불렀다,

10 그리고 그에게 말했다, 《누구나 다 처음에는 좋은 포도술을 내고,
   그런 다음 손님들이 취했을 때 더 값눅은 포도술을 냅니다. 당신
   은 이 좋은 포도술을 지금까지 남겨 두었군요!》

11 예수님은 그분의 기적적인 증표들의 첫 번째로 갈릴리의 가나에
   서 이것을 하셨다. 이렇게 그분은 자신의 영광을 드러내셨고, 그
   분의 제자들은 그분을 믿었다.

신전을 깨끗하게 하심

12 이 일이 있은 후 그분은 자기 어머니와 형제들 그리고 자기 제자
   들과 함께 가버나움으로 내려가셨다, 그리고 그들은 거기에 며칠
   간 머물렀다.

13 유태인의 건너뜀 명절이 가까웠다, 그래서 예수님은 예루살렘으
   로 올라가셨다.

14 그분은 신전 안마당에서 황소와 양과 비둘기들을 팔고 있는 사람
   들, 그리고 책상에 앉아서 돈을 바꿔 주는 사람들을 보셨다.

15 So he made a whip of cords and drove them all out of the temple courts, with the sheep and the oxen. He scattered the coins of the money changers and overturned their tables.

16 To those who sold the doves he said, "Take these things away from here! Do not make my Father's house a market-place!"

17 His disciples remembered that it was written, ***"Zeal for your house will devour me."***

18 So then the Jewish leaders responded, "What sign can you show us, since you are doing these things?"

19 Jesus replied, "Destroy this temple and in three days I will raise it up again."

20 Then the Jewish leaders said to him, "This temple has been under construction for forty-six years, and are you going to raise it up in three days?"

21 But Jesus was speaking about the temple of his body.

22 So after he was raised from the dead, his disciples remembered that he had said this, and they believed the scripture and the saying that Jesus had spoken.

Jesus at the Passover Feast

23 Now while Jesus was in Jerusalem at the feast of the Passover, many people believed in his name because they

15 그래서 그분은 끈으로 된 채찍을 만들어 그들 모두를, 양과 황소들과 함께, 신전 안마당 밖으로 몰아내셨다. 그분은 돈 바꿔 주는 사람들의 동전을 흩어 버렸고 그들의 책상을 뒤엎으셨다.

16 비둘기 파는 사람들에게 그분이 말씀하셨다, 《이런 것들을 여기에서 치워라! 내 아버지의 집을 장마당으로 만들지 말라!》

17 그분의 제자들은 《당신의 집에 대한 열의가 나를 삼킬 것이다》라고 기록된 것을 상기했다.

18 그러자 유태인 지도자들이 반응했다, 《당신이 이런 일들을 하고 있는데, 당신은 우리에게 어떤 증표를 보여 줄 수 있소? 》

19 예수님이 대답하셨다, 《이 신전을 허물어라, 그러면 3일 안에 내가 그것을 다시 세울 것이다.》

20 그러자 유태인 지도자들이 그분에게 말했다, 《이 신전은 46년 동안 건설되어 왔소. 그런데 당신이 그것을 3일 안에 세우겠소?》

21 그러나 예수님은 자기 육체의 신전에 대해서 말씀하고 계신 것이였다.

22 그래서 그분이 죽은 사람들 가운데서 살아나신 다음에, 그의 제자들은 그분이 이것을 말씀하셨다는 것을 기억했고, 그들은 하나님의 약속 말씀과 예수님이 하셨던 말씀을 믿었다.

건너뜀 명절 때의 예수님

23 예수님이 건너뜀 명절에 예루살렘에 계셨던 동안, 많은 사람들이 예수님의 이름을 믿었다, 왜냐하면 그들은 그분이 해내신 기적적

saw the miraculous signs he was doing.

24 But Jesus would not entrust himself to them, because he knew all people.

25 He did not need anyone to testify about man, for he knew what was in man.

Conversation with Nicodemus

1 Now a certain man, a Pharisee named Nicodemus, who was a member of the Jewish ruling council,

2 came to Jesus at night and said to him, "Rabbi, we know that you are a teacher who has come from God. For no one could perform the miraculous signs that you do unless God is with him."

3 Jesus replied, "I tell you the solemn truth, unless a person is born from above, he cannot see the kingdom of God."

4 Nicodemus said to him, "How can a man be born when he is old? He cannot enter his mother's womb and be born a second time, can he?"

5 Jesus answered, "I tell you the solemn truth, unless a person is born of water and spirit, he cannot enter the kingdom of God.

인 증표들을 보았기 때문이였다.

24 그러나 예수님은 그분 자신을 그들에게 맡기지 않으셨다, 왜냐하면 그분은 모든 사람들을 아셨기 때문이였다.

25 그분은 사람에 대해 립증해 줄 어떤 사람도 필요하지 않으셨다, 왜냐하면 그분은 사람의 속에 있는 것을 아셨기 때문이였다.

니고데모와의 대화

1 유태인 통치 의회의 성원인, 니고데모라 불리우는 바리새파 사람, 한 남자가 있었다.

2 그가 밤에 예수님에게 와서 그분에게 말했다, 《선생님, 우리는 당신이 하나님으로부터 오신 선생님이라는 것을 압니다. 왜냐하면 하나님께서 그와 함께하시지 않는 한 누구도 당신이 하는 기적적인 증표들을 보이지 못했을 것이기 때문입니다.》

3 예수님이 대답하셨다, 《내가 너에게 확고한 진리를 말한다. 사람이 우로부터 태여나지 않으면, 그는 하나님의 나라를 볼 수 없다.》

4 니고데모가 그분에게 말했다, 《사람이 나이 들면 그가 어떻게 태여날 수 있습니까? 그가 자기 어머니 애기집 속에 들어가서 재차 태여날 수 없습니다, 그렇지 않습니까?》

5 예수님이 대답하셨다, 《내가 너에게 확고한 진리를 말한다, 사람이 물과 성령으로 태여나지 않으면, 그는 하나님의 나라에 들어갈 수 없다.

6 What is born of the flesh is flesh, and what is born of the Spirit is spirit.

7 Do not be amazed that I said to you, 'You must all be born from above.'

8 The wind blows wherever it will, and you hear the sound it makes, but do not know where it comes from and where it is going. So it is with everyone who is born of the Spirit."

9 Nicodemus replied, "How can these things be?"

10 Jesus answered, "Are you the teacher of Israel and yet you don't understand these things?

11 I tell you the solemn truth, we speak about what we know and testify about what we have seen, but you people do not accept our testimony.

12 If I have told you people about earthly things and you don't believe, how will you believe if I tell you about heavenly things?

13 No one has ascended into heaven except the one who descended from heaven – the Son of Man.

14 Just as Moses *lifted up the serpent in the wilderness*, so must the Son of Man be lifted up,

15 so that everyone who believes in him may have eternal life."

16 For this is the way God loved the world: He gave his one and only Son, so that everyone who believes in him will not

6 육체에서 태여난 것은 육체이다, 그리고 성령에게서 태여난 것은
령이다.

7 내가 너에게 〈너희 모두가 우로부터 태여나야만 한다〉고 말한 것
에 놀라지 말라.

8 바람은 그것이 원하는 어디로든지 분다, 그리고 너희는 그것이 내는
소리를 듣는다, 그러나 그것이 어디로부터 오고 어디로 갈지 알지
못한다. 그처럼 이것은 성령으로 태여난 사람 누구에게나 그렇다.》

9 니고데모가 대답했다,《어떻게 이런 일이 있을 수 있습니까?》

10 예수님이 대답하셨다,《네가 이스라엘의 선생인데도 너는 이런 일
들을 리해하지 못하느냐?

11 내가 너에게 확고한 진리를 말한다, 우리는 우리가 아는 것에 대
해 말하고 우리가 본 것에 대해 립증한다, 그러나 너희 사람들은
우리의 립증을 받아들이지 않는다.

12 내가 너희 사람들에게 땅의 일에 대해 말했지만 너희가 믿지 않는
데, 만일 내가 하늘의 일들에 대해 말한다면 너희가 어떻게 믿겠
느냐?

13 하늘로부터 내려온 사람 – 사람의 아들 외에는 그 누구도 하늘로
올라간 사람이 없었다.

14 모세가 황야에서 뱀을 들어 올렸던 것처럼, 그렇게 사람의 아들도
들려 올려져야 한다,

15 그것은 그를 믿는 모든 사람들이 영원한 생명을 얻게 하기 위해서다.》

16 왜냐하면 이것이 하나님께서 세상을 사랑하신 방법이기 때문이
다, 즉 그분께서 자신의 외아드님을 주시여, 그를 믿는 사람 누구

perish but have eternal life.

17 For God did not send his Son into the world to condemn the world, but that the world should be saved through him.

18 The one who believes in him is not condemned. The one who does not believe has been condemned already, because he has not believed in the name of the one and only Son of God.

19 Now this is the basis for judging: that the light has come into the world and people loved the darkness rather than the light, because their deeds were evil.

20 For everyone who does evil deeds hates the light and does not come to the light, so that their deeds will not be exposed.

21 But the one who practices the truth comes to the light, so that it may be plainly evident that his deeds have been done in God.

Further Testimony About Jesus by John the Baptist

22 After this, Jesus and his disciples came into Judean territory, and there he spent time with them and was baptizing.

23 John was also baptizing at Aenon near Salim, because water was plentiful there, and people were coming to him and being baptized.

24 (For John had not yet been thrown into prison.)

25 Now a dispute came about between some of John's disciples and a certain Jew concerning ceremonial washing.

나가 멸망하지 않고 영원한 생명을 얻게 하시려는 것이다.

17 왜냐하면 하나님은 세상을 심판하기 위해 자신의 아들을 세상에 보내신 것이 아니라, 그를 통해 세상이 구원되도록 하기 위해서였다.

18 그를 믿는 사람은 심판받지 않는다. 믿지 않는 사람은 이미 심판을 받았다, 왜냐하면 그 사람은 하나님의 외아들의 이름을 믿지 않았기 때문이다.

19 이것이 판결을 위한 근거이다, 즉 빛이 세상 속으로 왔는데 사람들은 빛보다 어둠을 좋아했다, 왜냐하면 그들의 행위가 악했기 때문이였다.

20 왜냐하면 악한 행위를 하는 사람은 누구나, 그들의 행위가 드러나지 않도록, 그 빛을 미워하고 그 빛으로 오지 않기 때문이다.

21 그러나 진리를 실행하는 사람은 그의 행위가 하나님 안에서 이뤄졌다는 것이 명백히 드러날 수 있도록, 그 빛으로 나아온다.

예수님에 대한 세례자 요한의 더한 립증

22 이 일 후에, 예수님과 그분의 제자들은 유태 지역으로 갔다, 그리고 거기서 그분은 그들과 함께 시간을 보내며 세례를 주고 계셨다.

23 요한도 살렘 근처 애논에서 세례를 주고 있었다, 왜냐하면 거기에는 물이 풍부했기 때문이였다, 그래서 사람들이 그에게 와서 세례를 받고 있었다.

24 (왜냐하면 요한이 아직 투옥되지 않았기 때문이였다.)

25 요한의 제자들 중 몇 사람과 어느 한 유태인 사이에 씻기례식에 대한 론쟁이 일어났다.

26 So they came to John and said to him, "Rabbi, the one who was with you on the other side of the Jordan River, about whom you testified – see, he is baptizing, and everyone is flocking to him!"

27 John replied, "No one can receive anything unless it has been given to him from heaven.

28 You yourselves can testify that I said, 'I am not the Christ,' but rather, 'I have been sent before him.'

29 The one who has the bride is the bridegroom. The friend of the bridegroom, who stands by and listens for him, rejoices greatly when he hears the bridegroom's voice. This then is my joy, and it is complete.

30 He must become more important while I become less important."

31 The one who comes from above is superior to all. The one who is from the earth belongs to the earth and speaks about earthly things. The one who comes from heaven is superior to all.

32 He testifies about what he has seen and heard, but no one accepts his testimony.

33 The one who has accepted his testimony has confirmed clearly that God is truthful.

34 For the one whom God has sent speaks the words of God, for he does not give the Spirit sparingly.

26 그래서 그들은 요한에게 와서 그에게 말했다, 《선생님, 요단강 건너편에서 당신과 함께 계셨고, 그분에 대해 당신이 립증하셨던 분 – 보십시오, 그분이 세례를 주고 있고, 모두가 그분에게로 모이고 있습니다!》

27 요한이 대답했다, 《하늘로부터 그에게 주어지지 않으면, 아무도 그 어떤 것도 받을 수 없다.

28 너희들 자신은 내가 〈나는 그리스도가 아니다〉고, 그러나 좀 더 정확히 말하면, 〈나는 그분에 앞서 보내왔다〉고 말한 것을 립증할 수 있다.

29 새색시를 얻는 사람은 새서방이다. 그의 옆에 서서 그에게 귀를 기울이는 새서방의 친구는 그가 새서방의 목소리를 들을 때 매우 기뻐한다. 이것이야말로 나의 기쁨이다, 그리고 그것은 만족스럽다.

30 그분은 더 유력해져야만 하는 한편 나는 덜 유력해져야만 한다.》

31 우로부터 오시는 분은 모든 것보다 우월하시다. 땅으로부터 오는 사람은 땅에 속해 있고, 땅의 것들에 대해 말한다. 하늘로부터 오시는 분은 모든 것보다 우월하시다.

32 그분은 자신이 보고 들은 것에 대해 립증하신다, 그러나 아무도 그분의 립증을 받아들이지 않는다.

33 그분의 립증을 받아들인 사람은 하나님이 진실하시다는 것을 명백히 확인했다.

34 하나님이 보내신 그분이 하나님의 말씀을 하신다, 왜냐하면 하나님은 성령을 린색하게 주지 않으시기 때문이다.

35 The Father loves the Son and has placed all things under his authority.

36 The one who believes in the Son has eternal life. The one who rejects the Son will not see life, but God's wrath remains on him.

Departure From Judea

1 Now when Jesus knew that the Pharisees had heard that he was winning and baptizing more disciples than John

2 (although Jesus himself was not baptizing, but his disciples were),

3 he left Judea and set out once more for Galilee.

Conversation With a Samaritan Woman

4 But he had to pass through Samaria.

5 Now he came to a Samaritan town called Sychar, near the plot of land that Jacob had given to his son Joseph.

6 Jacob's well was there, so Jesus, since he was tired from the journey, sat right down beside the well. It was about noon.

7 A Samaritan woman came to draw water. Jesus said to her, "Give me some water to drink."

35 아버지는 아들을 사랑하시고 모든 것들을 그분의 권한 아래에 두
 셨다.

36 아들을 믿는 사람에게는 영원한 생명이 있다. 아들을 배척하는
 사람은 생명을 보지 못할 것이나, 하나님의 노여움이 그의 우에
 머문다.

유태에서 떠나심

1 예수님이 요한보다 더 많은 제자들을 얻고 있으며 세례를 주고 있다
 는 것을, 바리새파 사람들이 들었다는 것을 예수님이 아셨을 때였다.

2 (예수님 자신은 세례를 주고 있지 않으셨지만, 그분의 제자들이 세례
 를 주고 있었다),

3 그분은 유태를 떠나 다시 한 번 갈릴리로 가셨다.

한 사마리아 녀자와의 대화

4 그러나 그분은 사마리아를 거쳐 지나가셔야 했다.

5 그분은 야곱이 그의 아들 요셉에게 주었던 뙈기밭 가까이에 있는,
 수가라고 불리는 한 사마리아 동네에 가셨다.

6 야곱의 우물이 거기에 있었다, 예수님은 려행으로 피곤하셔서, 바
 로 그 우물가에 앉으셨다. 때는 낮 12시쯤이였다.

7 한 사마리아 녀자가 물을 길으러 왔다. 예수님이 그 녀자에게 말
 씀하셨다,《나에게 마실 물을 좀 주오.》

8 (For his disciples had gone off into the town to buy supplies.)

9 So the Samaritan woman said to him, "How can you – a Jew – ask me, a Samaritan woman, for water to drink?" (For Jews use nothing in common with Samaritans.)

10 Jesus answered her, "If you had known the gift of God and who it is who said to you, 'Give me some water to drink,' you would have asked him, and he would have given you living water."

11 "Sir," the woman said to him, "you have no bucket and the well is deep; where then do you get this living water?

12 Surely you're not greater than our ancestor Jacob, are you? For he gave us this well and drank from it himself, along with his sons and his livestock."

13 Jesus replied, "Everyone who drinks some of this water will be thirsty again.

14 But whoever drinks some of the water that I will give him will never be thirsty again, but the water that I will give him will become in him a fountain of water springing up to eternal life."

15 The woman said to him, "Sir, give me this water, so that I will not be thirsty or have to come here to draw water."

8 (왜냐하면 그분의 제자들이 식량을 사러 마을로 들어갔기 때문이었다.)

9 그래서 사마리아 녀자가 그분에게 말했다, 《어떻게 유태인인 당신
이 사마리아 녀자인 저에게 마실 물을 달라고 청할 수 있습니까?》
(왜냐하면 유태인들은 사마리아 사람들과는 아무것도 함께 쓰지 않기
때문이다.)

10 예수님이 그 녀자에게 대답하셨다, 《만일 네가 하나님의 선물과
〈나에게 마실 물을 좀 주오〉라고 너에게 말한 사람이 누구인지를
알았더라면, 네가 그에게 청했을 것이다. 그러면 그는 너에게 살
아 있는 물을 주었을 것이다.》

11 《선생님,》그 녀자가 그분에게 말했다,《당신에게는 드레박이 없고
우물은 깊습니다; 그러면 어디에서 당신이 이 살아 있는 물을 얻
습니까?

12 결코 당신이 우리 선조 야곱보다 더 위대하지 않습니다, 그러하지
요? 왜냐하면 그는 우리에게 이 우물을 주었고 그 자신도, 자기
아들들 그리고 자기 가축들과 더불어, 여기서 난 물을 마셨기 때
문입니다.》

13 예수님이 대답하셨다,《이 물의 얼마를 마시는 사람은 누구든지
다시 목마를 것이다.

14 그러나 내가 그에게 줄 물의 얼마를 마시는 사람은 누구도 결코
다시는 목마르지 않을 것이다, 그렇지만 내가 그에게 줄 물은 그
사람 속에서 영원한 생명으로 솟구쳐 오르는 물의 샘이 될 것이
다.》

15 그 녀자가 그분에게 말했다,《선생님, 저에게 이 물을 주십시오,
그러면 제가 목마르지 않을 것이고 또 물 길으러 여기에 오지 않
아도 될 것입니다.》

16 He said to her, "Go call your husband and come back here."

17 The woman replied, "I have no husband." Jesus said to her, "Right you are when you said, 'I have no husband,'

18 for you have had five husbands, and the man you are living with now is not your husband. This you said truthfully!"

19 The woman said to him, "Sir, I see that you are a prophet.

20 Our fathers worshiped on this mountain, and you people say that the place where people must worship is in Jerusalem."

21 Jesus said to her, "Believe me, woman, a time is coming when you will worship the Father neither on this mountain nor in Jerusalem.

22 You people worship what you do not know. We worship what we know, because salvation is from the Jews.

23 But a time is coming – and now is here – when the true worshipers will worship the Father in spirit and truth, for the Father seeks such people to be his worshipers.

24 God is spirit, and the people who worship him must worship in spirit and truth."

25 The woman said to him, "I know that Messiah is coming" (the one called Christ); "whenever he comes, he will tell us everything."

16 그분이 그 녀자에게 말씀하셨다, 《가서 너의 남편을 불러 여기로 돌아오라.》

17 그 녀자가 대답했다, 《저는 남편이 없습니다.》 예수님이 그 녀자에게 말씀하셨다, 《네가 〈저는 남편이 없습니다〉고 말하니 네가 맞다,

18 왜냐하면 너에게 다섯 남편이 있었고, 지금 네가 같이 살고 있는 남자도 너의 남편이 아니기 때문이다. 이것을 네가 진실하게 말했다!》

19 그 녀자가 그분에게 말했다, 《선생님, 저는 당신이 예언자이신 것을 알겠습니다.

20 우리 선조들은 이 산 우에서 례배드렸습니다, 그런데 당신네 민족은 사람들이 례배드려야만 하는 곳은 예루살렘에 있다고 말합니다.》

21 예수님이 녀자에게 말씀하셨다, 《내 말을 믿으라, 녀자여, 너희가 이 산 우에서도 아니고 예루살렘도 아닌 데서 아버지를 례배할 때가 올 것이다.

22 너희 사람들은 너희가 알지 못하는 것을 례배한다. 우리는 우리가 아는 것을 례배한다, 왜냐하면 구원이 유태인들로부터 오기 때문이다.

23 그러나 참된 례배자들이 령과 진리로 아버지를 례배할 때가 올 것인데, 바로 지금이다, 왜냐하면 아버지께서는 그분의 례배자가 될 그런 사람들을 찾고 계시기 때문이다.

24 하나님은 령이시다, 그리고 그분을 례배하는 사람들은 반드시 령과 진리로 례배해야 한다.》

25 그 녀자가 그분에게 말했다, 《저는 메시아(그리스도라고 불리우는 분)가 오실 것을 압니다.》; 《그분이 오시면 언제든지, 그분은 우리에게 모든 것을 말씀해 주실 것입니다.》

26 Jesus said to her, "I, the one speaking to you, am he."

The Disciples Return

27 Now at that very moment his disciples came back. They were shocked because he was speaking with a woman. However, no one said, "What do you want?" or "Why are you speaking with her?"

28 Then the woman left her water jar, went off into the town and said to the people,

29 "Come, see a man who told me everything I ever did. Surely he can't be the Messiah, can he?"

30 So they left the town and began coming to him.

Workers for the Harvest

31 Meanwhile the disciples were urging him, "Rabbi, eat something."

32 But he said to them, "I have food to eat that you know nothing about."

33 So the disciples began to say to one another, "No one brought him anything to eat, did they?"

34 Jesus said to them, "My food is to do the will of the one who sent me and to complete his work.

35 Don't you say, 'There are four more months and then comes

26 예수님이 그 녀자에게 말씀하셨다. 《너에게 말하고 있는 내가 바로 그 사람이다.》

제자들이 돌아오다

27 바로 그때에 그분의 제자들이 돌아왔다. 그들은 몹시 놀랐다, 왜냐하면 그분이 한 녀자와 이야기를 하고 계셨기 때문이였다. 그러나 《선생님은 무엇을 원하십니까?》 또는 《선생님이 왜 그 녀자와 이야기하고 계십니까?》라고 말하는 사람은 아무도 없었다.

28 그러자 그 녀자는 자기 물동이를 버려두고, 마을로 가서 사람들에게 말했다,

29 《오십시오, 내가 지금까지 한 모든 일을 나에게 말씀해 주신 분을 보십시오. 설마 그분이 메시아일 수는 없겠지요, 그렇지요?》

30 그래서 사람들은 마을을 떠나 그분에게 오기 시작했다.

가을걷이를 위한 일군들

31 그 사이에 제자들은 그분에게 재촉하고 있었다, 《선생님, 무언가 드십시오.》

32 그러나 그분은 그들에게 말씀하셨다, 《나는 너희가 전혀 알지 못하는 먹을 량식을 가지고 있다.》

33 그래서 제자들은 서로에게 말하기 시작했다, 《아무도 그분에게 잡수실 무언가를 가져다 드린 사람이 없었다, 그렇지?》

34 예수님이 그들에게 말씀하셨다, 《나의 량식은 나를 보낸 분의 뜻을 실현하는 것과 그분의 일을 완성하는 것이다.

35 너희가 〈넉 달이 더 있고 나서 가을걷이 때가 옵니다〉라고 말하지

the harvest?' I tell you, look up and see that the fields are already white for harvest!

36 The one who reaps receives pay and gathers fruit for eternal life, so that the one who sows and the one who reaps can rejoice together.

37 For in this instance the saying is true, 'One sows and another reaps.'

38 I sent you to reap what you did not work for; others have labored and you have entered into their labor."

The Samaritans Respond

39 Now many Samaritans from that town believed in him because of the report of the woman who testified, "He told me everything I ever did."

40 So when the Samaritans came to him, they began asking him to stay with them. He stayed there two days,

41 and because of his word many more believed.

42 They said to the woman, "No longer do we believe because of your words, for we have heard for ourselves, and we know that this one really is the Savior of the world."

Onward to Galilee

43 After the two days he departed from there to Galilee.

않느냐? 내가 너희에게 말한다, 들판이 가을걷이를 위해 이미 희여진 것을 눈들어 보아라!

36 수확하는 사람은 품삯을 받고 영원한 생명을 위한 열매를 거둔다, 그래서 씨 뿌리는 사람과 수확하는 사람이 함께 기뻐할 수 있게 된다.

37 왜냐하면 이 경우에 〈한 사람은 씨를 뿌리고 다른 사람은 수확한다〉는 말이 옳기 때문이다.

38 나는 너희가 힘들이지 않은 것을 수확하라고 너희를 보냈다; 다른 사람들이 수고하였고 너희는 그들의 수고에 참가했다.》

사마리아 사람들이 반응하다

39 그 마을에서 온 많은 사마리아 사람들은《그분은 내가 지금까지 한 모든 일을 나에게 말씀해 주셨습니다》라고 립증한 그 녀자의 보고 때문에 그분을 믿었다.

40 그래서 사마리아 사람들이 그분에게 갔을 때, 그들은 그분에게 자기들과 함께 머무시기를 청하기 시작했다. 그분은 거기에서 이틀을 머무셨다,

41 그리고 그분의 말씀 때문에 더 많은 사람들이 믿었다.

42 그들은 그 녀자에게 말했다,《더 이상 우리가 당신의 말 때문에 믿는 것이 아니오. 왜냐하면 우리가 우리 스스로 들었고, 우리는 이분이 진정으로 이 세상의 구원자라는 것을 알기 때문이오.》

갈릴리로

43 이틀 후에 그분은 거기에서 갈릴리로 떠나셨다.

44 (For Jesus himself had testified that a prophet has no honor in his own country.)

45 So when he came to Galilee, the Galileans welcomed him because they had seen all the things he had done in Jerusalem at the feast (for they themselves had gone to the feast).

Healing the Royal Official's Son

46 Now he came again to Cana in Galilee where he had made the water wine. In Capernaum there was a certain royal official whose son was sick.

47 When he heard that Jesus had come back from Judea to Galilee, he went to him and begged him to come down and heal his son, who was about to die.

48 So Jesus said to him, "Unless you people see signs and wonders you will never believe!"

49 "Sir," the official said to him, "come down before my child dies."

50 Jesus told him, "Go home; your son will live." The man believed the word that Jesus spoke to him, and set off for home.

51 While he was on his way down, his slaves met him and told him that his son was going to live.

52 So he asked them the time when his condition began to improve, and they told him, "Yesterday at one o'clock in the

44 (왜냐하면 예수님 자신이 예언자는 자기 고향에서 존경을 받지 못한다고 증언하신 적이 있었기 때문이었다.)

45 그리하여 그분이 갈릴리에 가셨을 때, 갈릴리 사람들은 그분을 환영했다, 왜냐하면 그들은 명절 때 예루살렘에서 그분이 하셨던 모든 일을 보았기 때문이었다. (그들 자신도 명절을 쇠러 갔기 때문이었다.)

왕실 관리의 아들을 고치심

46 예수님은 자신이 물 포도술을 만드셨던 갈릴리의 가나로 다시 가셨다. 가버나움에 그의 아들이 앓고 있는 어떤 왕실 관리가 있었다.

47 그가 예수님이 유태로부터 갈릴리로 돌아오셨다는 것을 들었을 때, 그는 그분에게로 가 내려오셔서 거의 죽게 된 자기 아들을 고쳐 달라고 그분에게 애원했다.

48 그래서 예수님이 그에게 말씀하셨다, 《너희 사람들은 증표들과 기적들을 보지 않고서는 너희가 결코 믿지 않을 것이다!》

49 《선생님,》 그 관리가 그분에게 말했다, 《내 아이가 죽기 전에 내려오십시오.》

50 예수님이 그에게 말씀하셨다, 《집으로 가시오, 당신 아들은 살 것이오.》 그 사람은 예수님이 그에게 하신 말씀을 믿고, 집을 향해 떠났다.

51 그가 내려가던 도중에, 그의 종들이 그를 만나 그에게 그의 아들이 살아났다고 말했다.

52 그래서 그는 그들에게 아들의 상태가 좋아지기 시작한 시간을 물었고, 그들은 그에게 말했다, 《어제 오후 1시에 그의 열이 내렸습

afternoon the fever left him."

53 Then the father realized that it was the very time Jesus had said to him, "Your son will live," and he himself believed along with his entire household.

54 Jesus did this as his second miraculous sign when he returned from Judea to Galilee.

Healing a Paralytic at the Pool of Bethesda

1 After this there was a Jewish feast, and Jesus went up to Jerusalem.

2 Now there is in Jerusalem by the Sheep Gate a pool called Bethzatha in Aramaic, which has five covered walkways.

3 A great number of sick, blind, lame, and paralyzed people were lying in these walkways.

4 [[EMPTY]]

5 Now a man was there who had been disabled for thirty-eight years.

6 When Jesus saw him lying there and when he realized that the man had been disabled a long time already, he said to him, "Do you want to become well?"

니다.》

53 그러자 그 아버지는 그때가 예수님이 그에게 《당신 아들은 살 것
이오》라고 말씀하셨던 바로 그 시간이였던 것을 깨달았다. 그래서
그 자신이 그의 온 식구들과 함께 믿었다.

54 예수님이 유태로부터 갈릴리로 돌아오신 후 그분은 이것을 자기
의 두 번째 기적적인 표적으로 보이셨다.

베데스다 못가에서 한 중풍병자를 고치심

1 이 일 후에 유태인의 명절이 있었다, 그래서 예수님은 예루살렘으
로 올라가셨다.

2 예루살렘에 있는 양의 문 곁에 웃설미 있는 통로 다섯이 있는, 아
람어로 베데스다라고 불리우는 못이 있다.

3 아주 많은 수의 병자, 눈먼 사람, 절름발이와 마비된 사람들이 이
통로들에 누워 있었다.

4 [[비여 있음]]

5 38년 동안 불구자였던 한 남자가 그곳에 있었다.

6 예수님이 거기에 누워 있는 그를 보시고, 그가 이미 오래동안 불
구자였다는 것을 아시고, 그분은 그에게 말씀하셨다, 《네가 낫고
싶으냐?》

7   The sick man answered him, "Sir, I have no one to put me into the pool when the water is stirred up. While I am trying to get into the water, someone else goes down there before me."

8   Jesus said to him, "Stand up! Pick up your mat and walk."

9   Immediately the man was healed, and he picked up his mat and started walking. (Now that day was a Sabbath.)

10 So the Jewish leaders said to the man who had been healed, "It is the Sabbath, and you are not permitted to carry your mat."

11 But he answered them, "The man who made me well said to me, 'Pick up your mat and walk.'"

12 They asked him, "Who is the man who said to you, 'Pick up your mat and walk'?"

13 But the man who had been healed did not know who it was, for Jesus had slipped out, since there was a crowd in that place.

14 After this Jesus found him at the temple and said to him, "Look, you have become well. Don't sin any more, lest anything worse happen to you."

15 The man went away and informed the Jewish leaders that Jesus was the one who had made him well.

7 그 병자가 그분에게 대답했다,《선생님, 나에게는 물이 움직일 때 나를 연못 속으로 넣어 줄 사람이 없습니다. 내가 물속에 들어가려고 하는 사이에, 다른 누군가가 나보다 먼저 거기에 들어갑니다.》

8 예수님이 그에게 말씀하셨다,《일어나거라! 너의 거적을 들고 걸어가거라.》

9 그 즉시 그 사람은 나았다, 그리고 그는 자기 거적을 들고 걸어가기 시작했다. (그날은 은정의 휴식일이였다.)

10 그래서 유태인 지도자들은 병 나은 그 남자에게 말했다,《오늘은 은정의 휴식일이다, 그래서 네가 너의 거적을 들고 가도록 허락되지 않는다.》

11 그러나 그는 그들에게 대답했다,《나를 낫게 해준 그 사람이 나에게, 〈너의 거적을 들고 걸어가거라〉고 말했습니다.》

12 그들이 그에게 물었다,《너에게 〈너의 거적을 들고 걸어가거라〉고 말한 사람이 누구냐?》

13 그러나 낫게 된 그 사람은 그분이 누구였는지 알지 못했다, 왜냐하면 그곳에 군중이 있었으므로, 예수님이 살그머니 빠져나가셨기 때문이였다.

14 이 일 후에 예수님이 신전에서 그를 만나 그에게 말씀하셨다,《보아라, 네가 다 나았다. 더 나쁜 어떤 일이 너에게 생기지 않도록, 더 이상 죄를 짓지 말거라.》

15 그 남자가 나가서 유태인 지도자들에게 예수님이 자기를 낫게 해준 분이였다는 것을 알려 주었다.

Responding to Jewish Leaders

16 Now because Jesus was doing these things on the Sabbath, the Jewish leaders began persecuting him.

17 So he told them, "My Father is working until now, and I too am working."

18 For this reason the Jewish leaders were trying even harder to kill him, because not only was he breaking the Sabbath, but he was also calling God his own Father, thus making himself equal with God.

19 So Jesus answered them, "I tell you the solemn truth, the Son can do nothing on his own initiative, but only what he sees the Father doing. For whatever the Father does, the Son does likewise.

20 For the Father loves the Son and shows him everything he does, and will show him greater deeds than these, so that you will be amazed.

21 For just as the Father raises the dead and gives them life, so also the Son gives life to whomever he wishes.

22 Furthermore, the Father does not judge anyone, but has assigned all judgment to the Son,

23 so that all people will honor the Son just as they honor the Father. The one who does not honor the Son does not honor the Father who sent him.

24 "I tell you the solemn truth, the one who hears my message

유태인 지도자들에게 대답하심

16 예수님이 이런 일들을 은정의 휴식일에 하셨기 때문에, 유태인 지도자들은 그분을 박해하기 시작했다.

17 그래서 그분은 그들에게 말씀하셨다. 《나의 아버지께서 지금까지 일하고 계시므로, 나도 역시 일하고 있다.》

18 이런 리유로 유태인 지도자들은 더욱 더 그분을 죽이려고 애썼다, 왜냐하면 그분이 은정의 휴식일을 어겼을 뿐만 아니라, 또한 하나님을 자신의 아버지라고 부름으로써, 그 자신을 하나님과 동등하게 만들었기 때문이였다.

19 그래서 예수님이 그들에게 대답하셨다. 《내가 너희에게 확고한 진리를 말한다. 아들은 아무것도 주동이 되여 할 수 없고, 아버지께서 하시는 것을 그가 본 것만 할 수 있다. 왜냐하면 아버지께서 하시는 무엇이든지, 아들도 꼭같이 하기 때문이다.

20 왜냐하면 아버지는 그 아들을 사랑하고, 그에게 자기가 하는 모든 일을 보여 주시기 때문이며, 이것들보다 더 큰 일들을 아들에게 보여 주셔서, 너희는 크게 놀라게 될 것이다.

21 왜냐하면 아버지께서 죽은 사람들을 살리고 그들에게 생명을 주시는 것과 같이, 그렇게 그 아들도 자기가 원하는 사람들 누구에게나 생명을 주기 때문이다.

22 게다가, 아버지께서는 어느 누구도 심판하지 않으시고, 모든 심판을 그 아들에게 맡기셨다.

23 이것은 모든 사람들이 아버지를 존경하듯이 그들이 그 아들도 존경하도록 하기 위해서이다. 그 아들을 존경하지 않는 사람은 그분을 보내신 아버지도 존경하지 않는다.

24 《내가 너희에게 확고한 진리를 말한다. 나의 전하는 말을 듣고 나

and believes the one who sent me has eternal life and will not be condemned, but has crossed over from death to life.

25 I tell you the solemn truth, a time is coming – and is now here – when the dead will hear the voice of the Son of God, and those who hear will live.

26 For just as the Father has life in himself, thus he has granted the Son to have life in himself,

27 and he has granted the Son authority to execute judgment, because he is the Son of Man.

28 "Do not be amazed at this, because a time is coming when all who are in the tombs will hear his voice

29 and will come out – the ones who have done what is good to the resurrection resulting in life, and the ones who have done what is evil to the resurrection resulting in condemnation.

30 I can do nothing on my own initiative. Just as I hear, I judge, and my judgment is just, because I do not seek my own will, but the will of the one who sent me.

More Testimony About Jesus

31 "If I testify about myself, my testimony is not true.

32 There is another who testifies about me, and I know the testimony he testifies about me is true.

를 보내신 분을 믿는 사람은, 영원한 생명을 얻고 심판받지 않을 것이며, 죽음에서 생명으로 넘어갔다.

25 내가 너희에게 확고한 진리를 말한다. 죽은 사람들이 하나님의 아들의 음성을 들을 때가 올 것인데, 바로 지금이다, 그리고 듣는 사람들은 살 것이다.

26 왜냐하면 아버지께서 그 자신 속에 생명을 가지고 계신 것과 마찬가지로, 그분께서는 아들이 그 자신 속에 생명을 갖도록 허락하셨기 때문이다,

27 그리고 그분께서는 그 아들에게 심판을 집행하는 권한도 주셨다, 왜냐하면 그분은 사람의 아들이기 때문이다.

28 《이 말에 놀라지 말라, 왜냐하면 무덤 속에 있는 모든 사람들이 그분의 목소리를 들을 때가 올 것이기 때문이다.

29 그리고 모든 사람들이 나올 것이다 – 선한 일을 한 사람들은 생명에 이르는 부활로, 악한 일을 한 사람들은 심판에 이르는 부활로 나올 것이다.

30 나는 아무것도 주동이 되여 할 수 없다. 내가 들은 그대로, 나는 심판한다, 그리고 나의 심판은 공정하다, 왜냐하면 나는 내 자신의 뜻이 아니라, 나를 보내신 분의 뜻을 구하기 때문이다.

예수님에 대한 추가적인 립증

31 《만일 내가 내 자신에 대해서 립증하면, 내 립증은 참되지 않다.

32 나에 대해 립증하시는 다른 분이 계신다. 그리고 나는 그분이 나에 대해 립증하시는 그 립증이 참되다는 것을 안다.

33 You have sent to John, and he has testified to the truth.

34 (I do not accept human testimony, but I say this so that you may be saved.)

35 He was a lamp that was burning and shining, and you wanted to rejoice greatly for a short time in his light.

36 "But I have a testimony greater than that from John. For the deeds that the Father has assigned me to complete – the deeds I am now doing – testify about me that the Father has sent me.

37 And the Father who sent me has himself testified about me. You people have never heard his voice nor seen his form at any time,

38 nor do you have his word residing in you, because you do not believe the one whom he sent.

39 You study the scriptures thoroughly because you think in them you possess eternal life, and it is these same scriptures that testify about me,

40 but you are not willing to come to me so that you may have life.

41 "I do not accept praise from people,

42 but I know you, that you do not have the love of God within you.

33 너희는 요한에게 사람들을 보냈다, 그리고 요한은 진리에 대해 립증했다.

34 (나는 사람의 립증을 받아들이지 않는다, 그러나 나는 너희가 구원될 수 있도록 이것을 말한다.)

35 그는 불타오르며 빛을 내는 등불이었다, 그리고 너희는 그의 빛 속에서 잠시 동안 크게 기뻐하고 싶어 했다.

36 《그러나 나는 요한으로부터의 립증보다 더 큰 것을 가지고 있다. 왜냐하면 아버지께서 나에게 완수하도록 맡기신 일들, 즉 내가 지금 하고 있는 일들이 아버지께서 나를 보내셨다고 나에 대하여 립증하기 때뮨이다.

37 그리고 나를 보내신 아버지께서 몸소 나에 대해 립증하셨다. 너희는 한 번도 그분의 목소리를 들어 보지 못했고, 그분의 모습을 어느 때에도 보지 못했다,

38 너희는 그분의 말씀을 너희 속에 간직하지도 않았다, 왜냐하면 너희가 그분께서 보내신 사람을 믿지 않기 때문이다.

39 너희는 하나님의 약속 말씀들을 철저하게 연구한다, 왜냐하면 너희는 그것들 속에서 너희가 영원한 생명을 소유한다고 생각하기 때문이다, 그런데 그것이 나에 대해 립증하는 그 동일한 하나님의 약속 말씀이다,

40 그러나 너희는 생명을 얻기 위해 나에게 오려고 하지 않는다.

41 《나는 사람들에게서 찬양을 받지 않는다,

42 그러나 나는 너희를 안다, 너희 속에 하나님의 사랑이 없다는 것을 안다.

43 I have come in my Father's name, and you do not accept me. If someone else comes in his own name, you will accept him.

44 How can you believe, if you accept praise from one another and don't seek the praise that comes from the only God?

45 "Do not suppose that I will accuse you before the Father. The one who accuses you is Moses, in whom you have placed your hope.

46 If you believed Moses, you would believe me, because he wrote about me.

47 But if you do not believe what Moses wrote, how will you believe my words?"

The Feeding of the Five Thousand

1 After this Jesus went away to the other side of the Sea of Galilee (also called the Sea of Tiberias).

2 A large crowd was following him because they were observing the miraculous signs he was performing on the sick.

3 So Jesus went on up the mountainside and sat down there with his disciples.

43 나는 내 아버지의 이름으로 왔다, 그런데도 너희는 나를 받아들이지 않는다. 만일 다른 누군가가 그 자신의 이름으로 온다면, 너희는 그를 받아들일 것이다.

44 만일 너희가 서로로부터 칭찬을 받아들이고 유일하신 하나님으로부터 오는 칭찬을 구하지 않는다면, 어떻게 너희가 믿을 수 있겠느냐?

45 《내가 아버지 앞에 너희를 고발할 것이라고 생각하지 말라. 너희를 고발하는 사람은, 너희가 그에게 너희의 소망을 두었던 모세이다.

46 만일 너희가 모세를 믿었다면, 너희는 나를 믿었을 것이다, 왜냐하면 그가 나에 대하여 썼기 때문이다.

47 그러나 만일 너희가 모세가 쓴 것도 믿지 않는다면, 어떻게 너희가 내 말을 믿겠느냐?》

5000명을 먹이심

1 이 일 후에 예수님은 갈릴리 바다 (또한 디베랴 바다라고 불리웠던)의 건너편으로 가셨다.

2 큰 군중이 그분을 따르고 있었다, 왜냐하면 그들은 그분이 병든 사람들에게 해주셨던 기적적인 증표들을 주시하고 있었기 때문이였다.

3 그래서 예수님은 산기슭으로 올라가서 그곳에 자기 제자들과 함께 앉으셨다.

4   (Now the Jewish feast of the Passover was near.)

5   Then Jesus, when he looked up and saw that a large crowd was coming to him, said to Philip, "Where can we buy bread so that these people may eat?"

6   (Now Jesus said this to test him, for he knew what he was going to do.)

7   Philip replied, "Two hundred silver coins worth of bread would not be enough for them, for each one to get a little."

8   One of Jesus' disciples, Andrew, Simon Peter's brother, said to him,

9   "Here is a boy who has five barley loaves and two fish, but what good are these for so many people?"

10   Jesus said, "Have the people sit down." (Now there was a lot of grass in that place.) So the men sat down, about five thousand in number.

11   Then Jesus took the loaves, and when he had given thanks, he distributed the bread to those who were seated. He then did the same with the fish, as much as they wanted.

12   When they were all satisfied, Jesus said to his disciples, "Gather up the broken pieces that are left over, so that nothing is wasted."

13   So they gathered them up and filled twelve baskets with broken pieces from the five barley loaves left over by the

4 (유태인의 건너뜀 명절이 가까웠다.)

5 그 다음에, 예수님이 시선을 들어 큰 군중이 자기를 향해 오고 있
는 것을 보고 빌립에게 말씀하셨다, 《우리가 어디서 **빵**을 사서 이
사람들이 먹을 수 있게 하겠느냐?》

6 (예수님은 그를 떠보기 위해서 이 말씀을 하셨다, 왜냐하면 그분은 그
가 어떻게 할지 아셨기 때문이였다.)

7 빌립이 대답했다, 《은전 200개 값의 **빵**은 매 사람이 조금씩 먹기
에, 그들에게 충분하지 않을 것입니다.》

8 예수님의 제자들 중 하나인, 시몬 베드로의 동생 안드레가 그분
에게 말했다.

9 《여기에 다섯 개의 보리빵과 두 마리 물고기를 가진 한 소년이 있
습니다, 그러나 이것들이 이렇게 많은 사람들에게 무슨 소용이 있
겠습니까?》

10 예수님이 말씀하셨다, 《사람들이 앉도록 하라.》(그곳에는 풀이 많
았다.) 그래서 그 사람들이 앉았는데, 그 수가 5000명쯤이었다.

11 그때에 예수님은 빵들을 집으셨다, 그리고 그분은 감사를 드리고
서, 앉은 사람들에게 빵을 나누어 주셨다. 그분은 그다음에 물고
기를 가지고서도, 그들이 원하는 대로, 똑같이 하셨다.

12 그들 모두가 실컷 먹었을 때, 예수님이 자기 제자들에게 말씀하셨
다, 《조금도 랑비되지 않도록, 먹다 남은 부스레기들을 모아라.》

13 그래서 그들은 그것들을 거두어 모으고 먹었던 사람들에 의해
남겨진 다섯 보리빵 덩이에서 나온 부스레기들로 열두 바구니를

people who had eaten.

14 Now when the people saw the miraculous sign that Jesus performed, they began to say to one another, "This is certainly *the Prophet who is to come into the world.*"

15 Then Jesus, because he knew they were going to come and seize him by force to make him king, withdrew again up the mountainside alone.

Walking on Water

16 Now when evening came, his disciples went down to the lake,

17 got into a boat, and started to cross the lake to Capernaum. (It had already become dark, and Jesus had not yet come to them.)

18 By now a strong wind was blowing and the sea was getting rough.

19 Then, when they had rowed about three or four miles, they caught sight of Jesus walking on the lake, approaching the boat, and they were frightened.

20 But he said to them, "It is I. Do not be afraid."

21 Then they wanted to take him into the boat, and immediately the boat came to the land where they had been heading.

22 The next day the crowd that remained on the other side of the lake realized that only one small boat had been there,

채웠다.

14 사람들은 예수님이 보이신 기적적인 증표를 보고 서로에게 말하
기 시작했다. 《이분이 세상에 오실 틀림없는 그 예언자이시다.》

15 그런 후에 예수님은, 사람들이 와서 자기를 왕으로 삼기 위해 억
지로 붙잡으려는 것을 그분이 알고 계셨기 때문에, 다시 산기슭으
로 혼자 물러가셨다.

물 우로 걸으심

16 저녁이 되였을 때, 그분의 제자들은 호수로 내려갔다.

17 (제자들은) 배를 타고 가버나움을 향해 호수를 건너가기 시작했
다. (때는 이미 어두워졌다. 그런데 예수님은 아직 그들에게 오지 않으
셨다.)

18 이때 강한 바람이 불고 물결은 사나워지고 있었다.

19 그 후 그들이 3-4마일(4-5키로메터)쯤 노를 저어 갔을 때, 그들
은 호수 우를 걸어, 배로 다가오시는, 예수님을 발견했다, 그래서
그들은 겁에 질렸다.

20 그러나 그분은 그들에게 말씀하셨다, 《나다. 무서워하지 말아라.》

21 그런 다음 그들은 그분을 배 안으로 모시려고 했는데, 배가 곧 그
들이 향하고 있던 땅에 도착했다.

22 그 다음 날 호수 건너편에 남아 있던 군중은 작은 배 한 척만 거기
에 있었다는 것, 그리고 예수님께서 그의 제자들과 함께 그 배에

and that Jesus had not boarded it with his disciples, but that his disciples had gone away alone.

23 But some boats from Tiberias came to shore near the place where they had eaten the bread after the Lord had given thanks.

24 So when the crowd realized that neither Jesus nor his disciples were there, they got into the boats and came to Capernaum looking for Jesus.

Jesus' Discourse About the Bread of Life

25 When they found him on the other side of the lake, they said to him, "Rabbi, when did you get here?"

26 Jesus replied, "I tell you the solemn truth, you are looking for me not because you saw miraculous signs, but because you ate all the loaves of bread you wanted.

27 Do not work for the food that disappears, but for the food that remains to eternal life – the food which the Son of Man will give to you. For God the Father has put his seal of approval on him."

28 So then they said to him, "What must we do to accomplish the deeds God requires?"

29 Jesus replied, "This is the deed God requires – to believe in the one whom he sent."

30 So they said to him, "Then what miraculous sign will you perform, so that we may see it and believe you? What will you do?

타지 않으셨다는 것, 그러나 그의 제자들만 가버렸다는 것을 알게
되였다.

23 그러나 디베리야에서 온 배 몇 척이 해안으로 왔다. 그 해안은 주님
께서 감사를 드리신 후 그들이 빵을 먹었던 데서 가까운 곳이였다.

24 그래서 군중은 예수님도 그의 제자들도 그곳에 없다는 것을 알고
나서, 배들을 타고 예수님을 찾아 가버나움으로 갔다.

생명의 빵에 대한 예수님의 이야기

25 사람들이 호수 건너편에서 예수님을 만났을 때, 그들은 그분에게
말했다. 《선생님, 언제 이곳에 오셨습니까?》

26 예수님이 대답하셨다. 《내가 너희에게 확고한 진리를 말한다. 너
희가 나를 찾고 있는 것은 너희가 기적적인 증표들을 보았기 때문
이 아니라, 너희가 원하던 빵을 실컷 먹었기 때문이다.

27 없어질 량식을 위해 일하지 말고, 영원한 생명으로 남을 량식, 즉
사람의 아들이 너희에게 줄 량식을 위해 일하라. 왜냐하면 하나
님 아버지께서 그를 인정하신다는 도장을 찍어 주셨기 때문이다.》

28 그래서 그 후에 그들은 그분에게 말했다. 《하나님께서 요구하시는
일을 이루기 위해 우리가 무엇을 해야 합니까?》

29 예수님이 대답하셨다. 《이것이 하나님께서 요구하시는 일이다, 즉
그분께서 보내신 사람을 믿는 것이다.》

30 그래서 그들은 그분에게 말했다. 《그러면 우리가 그것을 보고 당
신을 믿을 수 있게, 당신은 어떤 기적적인 증표를 보이시겠습니
까? 당신은 무슨 일을 하시렵니까?

31 Our ancestors ate the manna in the wilderness, just as it is written, *'He gave them bread from heaven to eat.'"*

32 Then Jesus told them, "I tell you the solemn truth, it is not Moses who has given you the bread from heaven, but my Father is giving you the true bread from heaven.

33 For the bread of God is the one who comes down from heaven and gives life to the world."

34 So they said to him, "Sir, give us this bread all the time!"

35 Jesus said to them, "I am the bread of life. The one who comes to me will never go hungry, and the one who believes in me will never be thirsty.

36 But I told you that you have seen me and still do not believe.

37 Everyone whom the Father gives me will come to me, and the one who comes to me I will never send away.

38 For I have come down from heaven not to do my own will but the will of the one who sent me.

39 Now this is the will of the one who sent me – that I should not lose one person of every one he has given me, but raise them all up at the last day.

40 For this is the will of my Father – for everyone who looks on the Son and believes in him to have eternal life, and I will raise him up at the last day."

31 〈하나님께서 그들에게 먹을 빵을 하늘로부터 주셨다〉고 기록되여 있듯이, 우리의 선조들은 황야에서 만나를 먹었습니다.》

32 그러자 예수님이 그들에게 말씀하셨다, 《내가 너희에게 확고한 진리를 말한다. 너희에게 하늘로부터 빵을 준 사람은 모세가 아니라, 나의 아버지께서 너희에게 하늘로부터 참된 빵을 주신다.

33 왜냐하면 하나님의 빵은 하늘로부터 내려와서 세상에 생명을 주는 분이시기 때문이다.》

34 그래서 그들은 그분에게 말했다, 《선생님, 우리에게 언제나 이 빵을 주십시오!》

35 예수님이 그들에게 말씀하셨다, 《내가 생명의 빵이다. 나에게 오는 사람은 결코 배고프지 않을 것이고, 나를 믿는 사람은 결코 목마르지 않을 것이다.》

36 그러나 내가 너희에게 너희는 나를 보고도 여전히 믿지 않는다고 말했다.

37 아버지께서 내게 주시는 모든 사람은 내게로 올 것이다, 그리고 내게로 오는 사람을 나는 결코 쫓아 버리지 않을 것이다.

38 왜냐하면 나는 내 자신의 뜻을 실행하기 위해서가 아니라 나를 보내신 분의 뜻을 실행하려고 하늘로부터 내려왔기 때문이다.

39 이것이 나를 보내신 분의 뜻이다, 즉 그분께서 내게 주신 모든 사람 중에 한 사람도 잃지 않고, 그들 모두를 마지막 날에 살리는 것이다.

40 왜냐하면 이것이 나의 아버지의 뜻이기 때문이다, 즉 아들을 보고 그를 믿는 사람 누구나가 영원한 생명을 얻도록 하는 것이다, 그리고 나는 마지막 날에 그를 살릴 것이다.》

41 Then the Jews who were hostile to Jesus began complaining about him because he said, "I am the bread that came down from heaven,"

42 and they said, "Isn't this Jesus the son of Joseph, whose father and mother we know? How can he now say, 'I have come down from heaven'?"

43 Jesus replied, "Do not complain about me to one another.

44 No one can come to me unless the Father who sent me draws him, and I will raise him up at the last day.

45 It is written in the prophets, **'And they will all be taught by God.'** Everyone who hears and learns from the Father comes to me.

46 (Not that anyone has seen the Father except the one who is from God – he has seen the Father.)

47 I tell you the solemn truth, the one who believes has eternal life.

48 I am the bread of life.

49 Your ancestors ate the manna in the wilderness, and they died.

50 This is the bread that has come down from heaven, so that a person may eat from it and not die.

51 I am the living bread that came down from heaven. If anyone eats from this bread he will live forever. The bread that I

41 그러자 예수님에게 적대적이였던 유태인들이 그분에 대해서 투덜
대기 시작했다, 왜냐하면 그분이《나는 하늘로부터 내려온 빵이
다》라고 말했기 때문이였다.

42 그리고 그들은 말했다,《이 사람은 우리가 그 아버지와 어머니를
알고 있는, 요셉의 아들인 예수가 아닌가? 그가 어떻게 지금 〈나
는 하늘로부터 내려온 빵이다〉라고 말할 수 있는가?》

43 예수님이 대답하셨다,《나에 대해 서로 투덜대지 말라.

44 나를 보내신 아버지께서 그를 이끌어 주지 않으시면, 아무도 나에
게 올 수 없다, 그리고 나는 마지막 날에 그를 살릴 것이다.

45 예언자들의 책에 〈그리고 그들 모두는 하나님에게서 배울 것이다〉
라고 기록되여 있다. 아버지로부터 듣고 배우는 모든 사람들은 나
에게로 올 것이다.

46 (하나님으로부터 온 분 외에 누군가가 아버지를 보았다는 것은 아니다
- 그분은 아버지를 보았다.)

47 내가 너희에게 확고한 진리를 말한다, 믿는 사람은 영원한 생명을
가진다.

48 나는 생명의 빵이다.

49 너희의 선조들은 황야에서 만나를 먹었다, 그런데 그들은 죽었다.

50 이것은 하늘로부터 내려온 빵이다, 그래서 사람이 그것을 먹으면
죽지 않을 것이다.

51 나는 하늘로부터 내려온 살아 있는 빵이다. 만일 누구든지 이 빵
을 먹으면 그는 영원히 살 것이다. 세상의 생명을 위해 내가 줄 빵

will give for the life of the world is my flesh."

52 Then the Jews who were hostile to Jesus began to argue with one another, "How can this man give us his flesh to eat?"

53 Jesus said to them, "I tell you the solemn truth, unless you eat the flesh of the Son of Man and drink his blood, you have no life in yourselves.

54 The one who eats my flesh and drinks my blood has eternal life, and I will raise him up on the last day.

55 For my flesh is true food, and my blood is true drink.

56 The one who eats my flesh and drinks my blood resides in me, and I in him.

57 Just as the living Father sent me, and I live because of the Father, so the one who consumes me will live because of me.

58 This is the bread that came down from heaven; it is not like the bread your ancestors ate, but then later died. The one who eats this bread will live forever."

Many Followers Depart

59 Jesus said these things while he was teaching in the synagogue in Capernaum.

60 Then many of his disciples, when they heard these things, said, "This is a difficult saying! Who can understand it?"

은 내 살이다.》

52 그러자 예수님에게 적의를 품은 유태인들이 서로 론쟁하기 시작했다. 《어떻게 이 사람이 우리에게 자기 살을 먹으라고 줄 수 있는가?》

53 예수님이 그들에게 말씀하셨다, 《내가 너희에게 확고한 진리를 말한다, 너희가 사람의 아들의 살을 먹고 그의 피를 마시지 않으면, 너희는 너희 속에 생명이 없다.》

54 내 살을 먹고 내 피를 마시는 사람은 영원한 생명을 얻는다, 그리고 나는 마지막 날에 그를 살릴 것이다.

55 왜냐하면 나의 살은 참된 량식이고, 나의 피는 참된 음류이기 때문이다.

56 내 살을 먹고 내 피를 마시는 사람은 내 안에서 살고, 나는 그의 안에서 산다.

57 살아 계신 아버지께서 나를 보내셨고, 내가 아버지로 하여 사는 것과 같이, 그렇게 나를 먹는 사람도 나로 하여 살 것이다.

58 이것이 하늘로부터 내려온 빵이다. 이것은 너희 선조들이 먹고도 나중에는 죽고 만 그 빵과 같지 않다. 이 빵을 먹는 사람은 영원히 살 것이다.》

많은 따르는 사람들이 떠나가다

59 예수님이 가버나움에 있는 군중회관에서 가르치실 때 이런 것들을 말씀하셨다.

60 그때 그분의 제자들 가운데 여럿이 이런 것들을 듣고 말했다, 《이것은 어려운 말씀이다! 누가 이것을 리해할 수 있는가?》

61 When Jesus was aware that his disciples were complaining about this, he said to them, "Does this cause you to be offended?

62 Then what if you see the Son of Man ascending where he was before?

63 The Spirit is the one who gives life; human nature is of no help! The words that I have spoken to you are spirit and are life.

64 But there are some of you who do not believe." (For Jesus had already known from the beginning who those were who did not believe, and who it was who would betray him.)

65 So Jesus added, "Because of this I told you that no one can come to me unless the Father has allowed him to come."

Peter's Confession

66 After this many of his disciples quit following him and did not accompany him any longer.

67 So Jesus said to the twelve, "You don't want to go away too, do you?"

68 Simon Peter answered him, "Lord, to whom would we go? You have the words of eternal life.

69 We have come to believe and to know that you are the Holy One of God!"

61 예수님께서 그의 제자들이 이것에 대해서 투덜대고 있는 것을 알고, 그분은 그들에게 말씀하셨다,《이 말이 너희를 거슬리게 하느냐?

62 그러면 너희가 그가 이전에 있던 곳으로 올라가는 사람의 아들을 보면 어떻겠느냐?

63 성령님은 생명을 주시는 분이시다, 인간의 본성은 쓸모가 없다! 내가 너희에게 한 말이 령이고 생명이다.

64 그러나 너희 중 믿지 않는 몇 사람이 있다.》(왜냐하면 예수님은 믿지 않은 사람들이 누구인지, 그리고 그분을 배반할 사람이 누구였는지 이미 처음부터 알고 계셨기 때문이었다.)

65 그래서 예수님은 덧붙이셨다,《이것 때문에 내가 너희에게 아버지께서 오도록 허락하지 않으시면 그 누구도 나에게 올 수 없다고 말했다.》

베드로의 고백

66 이 일 후에 그의 제자들 중 많은 사람이 그분을 따르기를 그만두었다 그리고 더 이상 그분과 동행하지 않았다.

67 그래서 예수님은 그 열두 명에게 말씀하셨다,《너희도 떠나고 싶은 것은 아니지, 그렇지?》

68 시몬 베드로가 그분에게 대답했다,《주님, 우리가 누구에게로 가겠습니까? 당신은 영원한 생명의 말씀을 가지고 계십니다.

69 우리는 당신이 하나님의 신성한 분이시라는 것을 믿고 알게 되었습니다!》

70 Jesus replied, "Didn't I choose you, the twelve, and yet one of you is the devil?"

71 (Now he said this about Judas son of Simon Iscariot, for Judas, one of the twelve, was going to betray him.)

The Feast of Tabernacles

1 After this Jesus traveled throughout Galilee. He stayed out of Judea because the Jewish leaders wanted to kill him.

2 Now the Jewish feast of Tabernacles was near.

3 So Jesus' brothers advised him, "Leave here and go to Judea so your disciples may see your miracles that you are performing.

4 For no one who seeks to make a reputation for himself does anything in secret. If you are doing these things, show yourself to the world."

5 (For not even his own brothers believed in him.)

6 So Jesus replied, "My time has not yet arrived, but you are ready at any opportunity!

7 The world cannot hate you, but it hates me, because I am testifying about it that its deeds are evil.

70 예수님께서 대답하셨다, 《내가 너희 열두 명을 선택하지 않았느냐? 그러나 너희 중 한 사람은 악마다.》

71 (그분은 시몬 가롯의 아들, 유다에 대해 이 말씀을 하셨다, 왜냐하면, 그 열두 명 중 하나인 유다가 그분을 배반할 것이기 때문이였다.)

오두막절

1 이 일 후에 예수님은 갈릴리를 두루 다니셨다. 그분은 유태 밖에 머무르셨다 왜냐하면 유태인 지도자들이 그분을 죽이려했기 때문이였다.

2 유태인들의 오두막절이 가까웠다.

3 그래서 예수님의 동생들이 그분에게 권고했다, 《당신의 제자들이 당신이 보여 주고 있는 기적들을 볼 수 있도록 이곳을 떠나 유태로 가십시오.》

4 왜냐하면 자신의 명성 떨치기를 바라는 사람은 아무도 어떤 일을 숨어서 하지 않기 때문입니다. 만일 당신이 이러한 일들을 하고 있다면, 당신 자신을 세상에 드러내십시오.》

5 (왜냐하면 그분의 친동생들 조차도 그분을 믿지 않았기 때문이였다.)

6 그래서 예수님이 대답하셨다, 《나의 때는 아직 오지 않았다. 그러나 너희는 어떤 기회에도 준비되여 있다.

7 세상은 너희를 증오할 수 없다. 그러나 그것은 나를 증오한다. 왜냐하면 내가 그것에 대해 그것이 하는 일이 악하다고 립증하고 있

8 You go up to the feast yourselves. I am not going up to this feast because my time has not yet fully arrived."

9 When he had said this, he remained in Galilee.

10 But when his brothers had gone up to the feast, then Jesus himself also went up, not openly but in secret.

11 So the Jewish leaders were looking for him at the feast, asking, "Where is he?"

12 There was a lot of grumbling about him among the crowds. Some were saying, "He is a good man," but others, "He deceives the common people."

13 However, no one spoke openly about him for fear of the Jewish leaders.

Teaching in the Temple

14 When the feast was half over, Jesus went up to the temple courts and began to teach.

15 Then the Jewish leaders were astonished and said, "How does this man know so much when he has never had formal instruction?"

16 So Jesus replied, "My teaching is not from me, but from the one who sent me.

17 If anyone wants to do God's will, he will know about my

기 때문이다.

8 너희는 너희끼리 명절에 올라가라. 나는 이번 명절에는 올라가지 않겠다, 왜냐하면 나의 때가 아직 완전히 오지 않았기 때문이다.》

9 예수님은 이 말씀을 하시고, 갈릴리에 남아 계셨다.

10 그러나 그분의 동생들이 명절에 올라간 뒤에, 예수님 자신도 눈에 띄지 않도록 남모르게 올라가셨다.

11 그래서 유태인 지도자들이 명절에 〈그 사람이 어디에 있는가?〉라고 물으며 그분을 찾고 있었다.

12 군중들 사이에 그분에 대한 많은 불평이 있었다. 어떤 사람들은 《그분은 좋은 사람이다》라고 말했지만, 다른 사람들은 《그는 일반 사람들을 속인다》라고 말했다.

13 그렇지만, 아무도, 유태인 지도자들에 대한 두려움 때문에, 그분에 대해 내놓고 말하는 사람이 없었다.

신전에서 가르치심

14 명절이 절반 지났을 때, 예수님은 신전 안마당으로 올라가서 가르치기 시작하셨다.

15 그러자 유태인 지도자들이 깜짝 놀라서 말했다, 《이 사람이 정식 교육을 받은 적이 전혀 없는데도 어떻게 저렇게 많이 알고 있을까?》

16 그래서 예수님이 대답하셨다, 《나의 가르침은 나로부터가 아니라, 나를 보내신 분으로부터 왔다.

17 만일 누구든지 하나님의 뜻을 수행하기 원한다면, 그는 나의 가르

teaching, whether it is from God or whether I speak from my own authority.

18 The person who speaks on his own authority desires to receive honor for himself; the one who desires the honor of the one who sent him is a man of integrity, and there is no unrighteousness in him.

19 Hasn't Moses given you the law? Yet not one of you keeps the law! Why do you want to kill me?"

20 The crowd answered, "You're possessed by a demon! Who is trying to kill you?"

21 Jesus replied, "I performed one miracle and you are all amazed.

22 However, because Moses gave you the practice of circumcision (not that it came from Moses, but from the forefathers), you circumcise a male child on the Sabbath.

23 But if a male child is circumcised on the Sabbath so that the law of Moses is not broken, why are you angry with me because I made a man completely well on the Sabbath?

24 Do not judge according to external appearance, but judge with proper judgment."

Questions About Jesus' Identity

25 Then some of the residents of Jerusalem began to say, "Isn't this the man they are trying to kill?

침에 대해, 그것이 하나님으로부터 온 것인지, 아니면 내가 내 자
신의 권위로 말하는 것인지를 알 것이다.

18 그 자신의 권위로 말하는 사람은 자기 영광 얻기만을 바란다. 그
를 보낸 분의 영광을 바라는 사람은 정직한 사람이며 그 사람 속
에는 거짓이 없다.

19 모세가 너희에게 률법을 주지 않았느냐? 그러나 너희 중 한 사람
도 그 률법을 지키지 않는다! 왜 너희가 나를 죽이려 하느냐?》

20 군중이 대답했다, 《당신은 귀신 들렸소! 누가 당신을 죽이려 한단
말이오?》

21 예수님이 대답하셨다, 《내가 한 가지 기적을 보여 주었는데 너희
가 모두 깜짝 놀랐다.

22 그러나 모세가 너희에게 잘라냄 례식을 주었다고 하여(그것은 모
세로부터가 아니라, 옛 선조들로부터 온 것이다), 너희는 은정의 휴식
일에도 남자 애기에게 잘라냄 례식을 한다.

23 그러나 모세의 률법을 어기지 않으려고, 은정의 휴식일에도 남자
애기가 잘라냄 례식을 받는다면, 내가 은정의 휴식일에 한 사람을
완전하게 만들어 주었다고 하여 왜 너희가 나에게 성났느냐?

24 겉모양에 따라 판단하지 말고, 올바른 평가로 판단하여라.》

예수님의 신원에 대한 질문들

25 그러자 예루살렘 주민들 중 몇 사람이 말하기 시작했다, 《이 사람
이 그들이 죽이려 하는 그 사람이 아닌가?

26 Yet here he is, speaking publicly, and they are saying nothing to him. Do the rulers really know that this man is the Christ?

27 But we know where this man comes from. Whenever the Christ comes, no one will know where he comes from."

28 Then Jesus, while teaching in the temple courts, cried out, "You both know me and know where I come from! And I have not come on my own initiative, but the one who sent me is true. You do not know him,

29 but I know him, because I have come from him and he sent me."

30 So then they tried to seize Jesus, but no one laid a hand on him, because his time had not yet come.

31 Yet many of the crowd believed in him and said, "Whenever the Christ comes, he won't perform more miraculous signs than this man did, will he?"

32 The Pharisees heard the crowd murmuring these things about Jesus, so the chief priests and the Pharisees sent officers to arrest him.

33 Then Jesus said, "I will be with you for only a little while longer, and then I am going to the one who sent me.

34 You will look for me but will not find me, and where I am you cannot come."

26 그런데 그가 여기서 드러내 놓고 말하고 있는데도, 그들은 그에게 아무 말도 하지 않고 있다. 통치자들은 정말로 이 사람이 그리스도라고 알고 있는가?

27 그러나 우리는 이 사람이 어디에서 오는지 알고 있다. 그리스도가 오실 때에는, 그분이 어디에서 오시는지 아무도 알지 못할 것이다.》

28 그러자 예수님은, 신전 안마당에서 가르치시는 동안에, 큰소리로 웨치셨다 《너희는 나도 알고 내가 어디에서 온지도 알고 있다! 그런데 나는 내 스스로 오지 않았다, 그러나 나를 보내신 분은 참되시다. 너희는 그분을 모른다.

29 그러나 나는 그분을 안다, 왜냐하면 내가 그분에게서 왔으며, 그분께서 나를 보내셨기 때문이다.》

30 그러자 그들은 예수님을 붙잡으려 했다, 그러나 그분에게 손을 대는 사람은 아무도 없었다, 왜냐하면 그분의 때가 아직 오지 않았기 때문이였다.

31 그러나 군중 가운데 많은 사람들이 그분을 믿었고 말했다,《언제 그리스도가 오시든지, 그분은 이분이 하셨던 것보다 더 많은 기적적인 증표들을 보이시지 못할 것이다, 그렇지?》

32 바리새파 사람들이 예수님에 대한 이런 것들을 군중이 수군거리는 것을 들었다, 그래서 총제사장들과 바리새파 사람들은 그분을 체포하기 위해 경비병들을 보냈다.

33 그러자 예수님이 말씀하셨다,《내가 잠깐 동안만 더 너희와 함께 있을 것이고, 그 후에 나는 나를 보내신 분에게 갈 것이다.

34 너희가 나를 찾겠지만 나를 찾지 못할 것이고, 내가 있는 곳에 너희는 올 수 없다.》

35 Then the Jewish leaders said to one another, "Where is he going to go that we cannot find him? He is not going to go to the Jewish people dispersed among the Greeks and teach the Greeks, is he?

36 What did he mean by saying, 'You will look for me but will not find me, and where I am you cannot come'?"

Teaching About the Spirit

37 On the last day of the feast, the greatest day, Jesus stood up and shouted out, "If anyone is thirsty, let him come to me, and

38 let the one who believes in me drink. Just as the scripture says, **'From within him will flow rivers of living water.'"**

39 (Now he said this about the Spirit, whom those who believed in him were going to receive, for the Spirit had not yet been given, because Jesus was not yet glorified.)

Differing Opinions About Jesus

40 When they heard these words, some of the crowd began to say, "This really is the Prophet!"

41 Others said, "This is the Christ!" But still others said, "No, for the Christ doesn't come from Galilee, does he?

42 Don't the scriptures say that the Christ is *a descendant of David* and *comes from Bethlehem*, the village where David lived?"

35 그러자 유태인 지도자들이 서로에게 말했다, 《우리가 그를 찾을 수 없다니 그가 어디로 가려고 하는가? 그가 그리스 사람들 사이에 흩어져 있는 유태 사람들에게 가서 그리스 사람들을 가르치지는 않겠지, 그렇지?

36 그가 〈너희가 나를 찾겠지만 나를 찾지 못할 것이고, 내가 있는 곳에 너희는 올 수 없다〉고 말한것은 무슨 뜻인가?》

성령님에 대한 가르침

37 절정의 날인 명절 마지막 날에, 예수님이 일어나 웨치셨다, 《만일 누구든지 목이 마르면, 그를 내게 오게 하라,

38 그리고 나를 믿는 사람은 마시게 하라. 하나님의 약속 말씀이 말한 대로, 〈그 사람 속에서부터 살아 있는 물의 강이 흘러나올 것이다.〉》

39 (그분은 자기를 믿은 사람들이 받게 될 분인, 성령님에 대해서 이것을 말씀하셨다, 왜냐하면 예수님이 아직 영광을 받지 않으셨기에, 성령님이 아직 오시지 않았기 때문이다.)

예수님에 대한 엇갈린 의견들

40 그들이 이 말씀을 들었을 때, 군중 가운데 몇 사람이 말하기 시작했다, 《이분이 정말 그 예언자시다!》

41 다른 사람들은 《이분이 그리스도다!》라고 말했다, 그러나 또 다른 사람들은 여전히 이렇게 말했다, 《아니야, 그리스도는 갈릴리에서 나오지 않기 때문이다, 그렇지?

42 하나님의 약속 말씀은 그리스도가 다윗의 한 후손이고 다윗이 살던 마을, 베들레헴에서 나온다고 말하지 않는가?》

43 So there was a division in the crowd because of Jesus.

44 Some of them were wanting to seize him, but no one laid a hand on him.

Lack of Belief

45 Then the officers returned to the chief priests and Pharisees, who said to them, "Why didn't you bring him back with you?"

46 The officers replied, "No one ever spoke like this man!"

47 Then the Pharisees answered, "You haven't been deceived too, have you?

48 None of the rulers or the Pharisees have believed in him, have they?

49 But this rabble who do not know the law are accursed!"

50 Nicodemus, who had gone to Jesus before and who was one of the rulers, said,

51 "Our law doesn't condemn a man unless it first hears from him and learns what he is doing, does it?"

52 They replied, "You aren't from Galilee too, are you? Investigate carefully and you will see that no prophet comes from Galilee!"

43 그래서 예수님으로 하여 군중 속에서는 분렬이 있었다.

44 그들 중 몇 사람이 그분을 잡아가려고 했으나, 그분에게 손을 대는 사람은 아무도 없었다.

믿음의 결핍

45 그러고는 경비병들이 총제사장들과 바리새파 사람들에게 돌아갔다, 그들은 경비병들에게 말했다,《왜 너희가 그를 데려오지 않았느냐?》

46 경비병들이 대답했다,《이 사람처럼 말하는 사람은 지금까지 아무도 없었습니다!》

47 그러자 바리새파 사람들이 대답했다,《너희도 속아 넘어가지는 않았지, 그렇지?

48 통치자들이나 바리새파 사람들 중 그를 믿는 사람은 아무도 없다, 그렇지?

49 그러나 률법을 모르는 이 어중이떠중이들은 저주받았다!》

50 이전에 예수님께 갔던 적 있고, 통치자들 중 한 사람이였던 니고데모가 말했다,

51 《우리의 률법은, 그것이 먼저 그 사람에게서 말을 들어보지 않고는, 그리고 그 사람이 무엇을 하는지를 알아보지 않고는, 사람을 단죄하지 않습니다, 그렇지요?》

52 그들이 대답했다,《당신도 갈릴리 출신은 아니지요, 그렇지요? 자세히 조사해 보시오, 그러면 갈릴리로부터는 아무런 예언자도 나오지 않는다는 것을 알 것입니다!》

A Woman Caught in Adultery

53 [[And each one departed to his own house.

1   But Jesus went to the Mount of Olives.

2   Early in the morning he came to the temple courts again. All the people came to him, and he sat down and began to teach them.

3   The experts in the law and the Pharisees brought a woman who had been caught committing adultery. They made her stand in front of them

4   and said to Jesus, "Teacher, this woman was caught in the very act of adultery.

5   In the law *Moses commanded us to stone to death* such women. What then do you say?"

6   (Now they were asking this in an attempt to trap him, so that they could bring charges against him.) Jesus bent down and wrote on the ground with his finger.

7   When they persisted in asking him, he stood up straight and replied, "Whoever among you is guiltless may be the first to throw a stone at her."

8   Then he bent over again and wrote on the ground.

부화하다 붙잡힌 녀자

53 [[그리고 각자 자기 집으로 떠나갔다.

1 그러나 예수님은 올리브 산으로 가셨다.

2 이른 아침에 그분은 다시 신전 안마당으로 오셨다. 모든 사람들이 그분에게로 왔다, 그리고 그분은 앉아서 그들을 가르치기 시작하셨다.

3 률법 전문가들과 바리새파 사람들이 부화하다가 붙잡힌 한 녀자를 데려왔다. 그들은 그 녀자를 그들 앞에 세웠다

4 그리고 예수님에게 말했다, 《선생님, 이 녀자는 부화하다가 현장에서 붙잡혔습니다.

5 률법에서 모세는 우리에게 그런 녀자는 돌을 던져 죽이라고 명령했습니다. 그러면 당신은 뭐라고 말씀하십니까?》

6 (그들은 그분을 고소하기 위해, 그분을 함정에 빠뜨리려는 시도로 이것을 묻고 있었다.) 예수님은 몸을 굽히고 자기 손가락으로 땅 우에 쓰셨다.

7 그들이 그분에게 질문하기를 집요하게 계속하자, 그분은 똑바로 일어서서 대답하셨다, 《너희 중에 죄가 없는 사람은 누구든지 그 녀자에게 돌을 던질 첫 번째 사람이 되여 보아라.》

8 그런 후에 그분은 다시 몸을 굽히고 땅 우에 쓰셨다.

9 Now when they heard this, they began to drift away one at a time, starting with the older ones, until Jesus was left alone with the woman standing before him.

10 Jesus stood up straight and said to her, "Woman, where are they? Did no one condemn you?"

11 She replied, "No one, Lord." And Jesus said, "I do not condemn you either. Go, and from now on do not sin any more."]]

Jesus as the Light of the World

12 Then Jesus spoke out again, "I am the light of the world. The one who follows me will never walk in darkness, but will have the light of life."

13 So the Pharisees objected, "You testify about yourself; your testimony is not true!"

14 Jesus answered, "Even if I testify about myself, my testimony is true, because I know where I came from and where I am going. But you people do not know where I came from or where I am going.

15 You people judge by outward appearances; I do not judge anyone.

16 But if I judge, my evaluation is accurate, because I am not alone when I judge, but I and the Father who sent me do so together.

17 It is written in your law that *the testimony of two men is true.*

9   그들은 이 말을 듣고, 나이 든 사람들부터 시작해서, 예수님이 그 분 앞에 선 녀자와 홀로 남게 되실 때까지, 한 사람씩 슬며시 물러 가기 시작했다.

10   예수님이 똑바로 일어서서 그 녀자에게 말씀하셨다, 《녀자여, 그 들이 어디에 있느냐? 아무도 너를 규탄하지 않았느냐?》

11   그 녀자가 대답했다, 《주님, 아무도 하지 않았습니다.》 그러자 예 수님이 말씀하셨다, 《나 또한 너를 규탄하지 않는다. 가거라, 그리 고 이제부터 더 이상 죄를 짓지 말아라.》]]

세상의 빛이신 예수님

12   그 후에 예수님이 다시 큰 소리로 말씀하셨다, 《나는 세상의 빛이 다. 나를 따르는 사람은 결코 어둠 속에서 다니지 않을 것이고, 생 명의 빛을 얻을 것이다.》

13   그러자 바리새파 사람들이 반박했다, 《당신은 당신 자신에 대해 립증하오. 당신의 립증은 참되지 못하오!》

14   예수님이 대답하셨다, 《내가 내 자신에 대해 립증한다 하더라도, 내 립증은 참되다, 왜냐하면 나는 내가 어디에서 왔는지 그리고 내가 어디로 갈지를 알고 있기 때문이다. 그러나 너희 사람들은 내가 어디에서 왔는지도 어디로 가는지도 알지 못한다.

15   너희 사람들은 겉모양새로 판단한다. 나는 누구도 판단하지 않 는다.

16   그러나 만일 내가 판단한다면, 나의 평가는 정확하다, 왜냐하면 내가 판단할 때 나는 혼자가 아니라, 나와 나를 보내신 아버지께 서 함께 그렇게 하기 때문이다.

17   너희의 률법에 두 사람의 립증은 참되다라고 씌여 있다.

¹⁸ I testify about myself and the Father who sent me testifies about me."

¹⁹ Then they began asking him, "Who is your father?" Jesus answered, "You do not know either me or my Father. If you knew me you would know my Father too."

²⁰ (Jesus spoke these words near the offering box while he was teaching in the temple courts. No one seized him because his time had not yet come.)

Where Jesus Came From and Where He is Going

²¹ Then Jesus said to them again, "I am going away, and you will look for me but will die in your sin. Where I am going you cannot come."

²² So the Jewish leaders began to say, "Perhaps he is going to kill himself, because he says, 'Where I am going you cannot come.'"

²³ Jesus replied, "You people are from below; I am from above. You people are from this world; I am not from this world.

²⁴ Thus I told you that you will die in your sins. For unless you believe that I am he, you will die in your sins."

²⁵ So they said to him, "Who are you?" Jesus replied, "What I have told you from the beginning.

²⁶ I have many things to say and to judge about you, but the

18 나는 내 자신에 대해 립증하고, 나를 보내신 아버지께서 나에 대해 립증하신다.》

19 그러자 그들이 그분에게 질문하기 시작했다, 《당신의 아버지가 누구요?》 예수님이 대답하셨다, 《너희는 나도 내 아버지도 알지 못한다. 너희가 나를 알았더라면 나의 아버지도 알았을 것이다.》

20 (예수님은 신전 안마당에서 가르치고 계실 때 헌납금 상자 옆에서 이런 말씀을 하셨다. 아무도 그분을 붙잡지 않았다, 왜냐하면 그분의 때가 아직 오지 않았기 때문이였다.)

예수님이 오신 곳과 그분이 가시는 곳

21 그런 후 예수님이 다시 그들에게 말씀하셨다, 《나는 떠나갈 것이다, 그리고 너희는 나를 찾을 것이나, 너희의 죄 가운데서 죽을 것이다. 내가 가는 곳에 너희는 올 수 없다.》

22 그래서 유태인 지도자들이 말하기 시작했다, 《아마도 그가 자살하려는 것 같다, 왜냐하면 그가 〈내가 가는 곳에 너희는 올 수 없다〉고 말하기 때문이다.》

23 예수님이 대답하셨다, 《너희 사람들은 아래로부터 왔고, 나는 우로부터 왔다. 너희 사람들은 이 세상으로부터 왔고, 나는 이 세상으로부터 오지 않았다.

24 그래서 나는 너희가 너희의 죄 가운데서 죽을 것이라고 말했다. 왜냐하면 너희가 내가 그 사람이라는 것을 믿지 않는 한, 너희는 너희의 죄 가운데서 죽을 것이기 때문이다.》

25 그래서 그들은 그분에게 말했다, 《당신은 누구요?》 예수님이 대답하셨다, 《내가 처음부터 너희에게 말한 그 사람이다.

26 나에게 너희에 대해 말하고 판단할 것들이 많이 있다, 그러나 나

Father who sent me is truthful, and the things I have heard from him I speak to the world."

27 (They did not understand that he was telling them about his Father.)

28 Then Jesus said, "When you lift up the Son of Man, then you will know that I am he, and I do nothing on my own initiative, but I speak just what the Father taught me.

29 And the one who sent me is with me. He has not left me alone, because I always do those things that please him."

30 While he was saying these things, many people believed in him.

Abraham's Children and the Devil's Children

31 Then Jesus said to those Judeans who had believed him, "If you continue to follow my teaching, you are really my disciples

32 and you will know the truth, and the truth will set you free."

33 "We are descendants of Abraham," they replied, "and have never been anyone's slaves! How can you say, 'You will become free'?"

34 Jesus answered them, "I tell you the solemn truth, everyone who practices sin is a slave of sin.

를 보내신 아버지는 참되시다, 그리고 그분으로부터 들은 것들을 나는 세상에 말한다.》

27 (그들은 그분이 자기 아버지에 대해 그들에게 말하고 계셨다는 것을 리해하지 못했다.)

28 그러자 예수님이 말씀하셨다, 《너희가 사람의 아들을 들어 올릴 때, 그때에야 너희는 내가 그 사람이라는 것과, 나는 아무것도 주동이 되여 하지 않고, 아버지께서 내게 가르치신 것만을 내가 말한다는 것을 알 것이다.

29 그리고 나를 보내신 분은 나와 함께 계신다. 그분은 나를 홀로 내버려 두지 않으신다, 왜냐하면 나는 언제나 그분을 기쁘게 하는 그런 일들을 하기 때문이다.》

30 예수님이 이런 것들을 말씀하시는 동안, 많은 사람들이 그분을 믿었다.

아브라함의 자녀들과 악마의 자식들

31 그런 후에 예수님은 자기를 믿은 유태 사람들에게 말씀하셨다, 《만일 너희가 나의 가르침 따르기를 계속하면, 너희는 정말로 나의 제자들이다

32 그리고 너희는 진리를 알 것이고, 그 진리가 너희를 자유롭게 할 것이다.》

33 《우리는 아브라함의 후손들입니다,》라고 그들이 대답했다, 《그리고 어느 누구의 종이 된 적도 없었습니다! 당신이 어떻게 〈너희가 자유롭게 될 것이다〉라고 말할 수 있습니까?》

34 예수님이 그들에게 대답하셨다, 《내가 너희에게 확고한 진리를 말한다, 죄 짓는 모든 사람은 죄의 종이다.

35 The slave does not remain in the family forever, but the son remains forever.

36 So if the son sets you free, you will be really free.

37 I know that you are Abraham's descendants. But you want to kill me, because my teaching makes no progress among you.

38 I am telling you the things I have seen while with the Father; as for you, practice the things you have heard from the Father!"

39 They answered him, "Abraham is our father!" Jesus replied, "If you are Abraham's children, you would be doing the deeds of Abraham.

40 But now you are trying to kill me, a man who has told you the truth I heard from God. Abraham did not do this!

41 You people are doing the deeds of your father." Then they said to Jesus, "We were not born as a result of immorality! We have only one Father, God himself."

42 Jesus replied, "If God were your Father, you would love me, for I have come from God and am now here. I have not come on my own initiative, but he sent me.

43 Why don't you understand what I am saying? It is because you cannot accept my teaching.

35 종은 집안 식구로 영원히 머무르지 못하지만, 아들은 영원히 머무른다.

36 따라서 아들이 너희를 자유롭게 한다면, 너희는 참으로 자유로울 것이다.

37 나는 너희가 아브라함의 후손들이라는 것을 알고 있다. 그러나 너희는 나를 죽이려 한다, 왜냐하면 나의 가르침이 너희 사이에서 아무런 영향력이 없기 때문이다.

38 나는 너희에게 내가 아버지와 함께 있을 때 보았던 것을 말하고 있다. 그런데 너희는 어떤가 하면, 너희가 아버지로부터 들은 것들을 실천한다!》

39 그들이 그분에게 대답했다, 《아브라함은 우리의 아버지입니다!》 예수님이 대답하셨다, 《만일 너희가 아브라함의 자녀들이라면, 너희는 아브라함이 한 일들을 할 것이다.

40 그러나 지금 너희는 하나님에게서 들은 진리를 너희에게 말해 준 사람인 나를 죽이려 하고 있다. 아브라함은 이런 일을 하지 않았다!

41 너희 사람들은 너희 아비의 일들을 하고 있다.》 그러자 그들이 예수님께 말했다, 《우리는 부화방탕의 결과로 태어나지 않았습니다! 우리에게는 오직 한 분의 아버지, 하나님만이 계십니다.》

42 예수님이 대답하셨다, 《만일 하나님이 너희의 아버지이시라면, 너희는 나를 사랑했을 것이다, 왜냐하면 내가 하나님으로부터 와서 지금 여기에 있기 때문이다. 나는 스스로 온 것이 아니라, 그분께서 나를 보내시였다.

43 왜 너희는 내가 말하는 것을 리해하지 못하느냐? 그것은 너희가 내 가르침을 받아들일 수 없기 때문이다.

44 You people are from your father the devil, and you want to do what your father desires. He was a murderer from the beginning, and does not uphold the truth, because there is no truth in him. Whenever he lies, he speaks according to his own nature, because he is a liar and the father of lies.

45 But because I am telling you the truth, you do not believe me.

46 Who among you can prove me guilty of any sin? If I am telling you the truth, why don't you believe me?

47 The one who belongs to God listens and responds to God's words. You don't listen and respond, because you don't belong to God."

48 The Judeans replied, "Aren't we correct in saying that you are a Samaritan and are possessed by a demon?"

49 Jesus answered, "I am not possessed by a demon, but I honor my Father – and yet you dishonor me.

50 I am not trying to get praise for myself. There is one who demands it, and he also judges.

51 I tell you the solemn truth, if anyone obeys my teaching, he will never see death."

52 Then the Judeans responded, "Now we know you're possessed by a demon! Both Abraham and the prophets died, and yet you say, 'If anyone obeys my teaching, he will never experience death.'

44 너희 사람들은 너희 아비 악마로부터 왔다, 그리고 너희는 너희 아비가 바라는 것을 하기 원한다. 그자는 처음부터 살인자였고, 진리를 따르지 않는다, 왜냐하면 그자 속에는 진리가 없기 때문이다. 그자가 거짓말을 할 때마다 그자는 자기 본성에 따라 말한다, 왜냐하면 그자는 거짓말쟁이고 거짓의 아비이기 때문이다.

45 그러나 내가 너희에게 진리를 말하고 있기 때문에, 너희가 나를 믿지 않는다.

46 너희 중에서 누가 나에게 무슨 죄가 있는지 증명할 수 있느냐? 내가 너희에게 진리를 말하는데도, 왜 너희는 나를 믿지 않느냐?

47 하나님께 속한 사람은 하나님의 말씀을 듣고 따른다. 너희는 듣지 않고 따르지 않는다, 왜냐하면 너희는 하나님께 속하지 않기 때문이다.》

48 유태 사람들이 대답했다,《우리가 당신이 사마리아 사람이고 귀신 들렸다고 말하는 것이 옳지 않습니까?》

49 예수님이 대답하셨다,《내가 귀신 들린 것이 아니라, 나는 아버지께 영광을 드리고 있다, 그런데도 너희는 나를 모욕한다.

50 나는 내 자신을 위한 찬양을 얻으려 하지 않는다. 그것을 요구하시는 분이 계신다, 그리고 그분은 판단도 하신다.

51 내가 너희에게 확고한 진리를 말한다, 만일 누구든지 내 가르침을 지키면, 그는 결코 죽음을 보지 않을 것이다.》

52 그러자 유태 사람들이 대답했다,《이제 우리는 당신이 귀신 들린 것을 알겠습니다! 아브라함도 예언자들도 모두 죽었는데, 당신은 〈만일 누구든지 내 가르침을 지키면, 그는 결코 죽음을 경험하지 않을 것이다〉라고 말하십니다.

53 You aren't greater than our father Abraham who died, are you? And the prophets died too! Who do you claim to be?"

54 Jesus replied, "If I glorify myself, my glory is worthless. The one who glorifies me is my Father, about whom you people say, 'He is our God.'

55 Yet you do not know him, but I know him. If I were to say that I do not know him, I would be a liar like you. But I do know him, and I obey his teaching.

56 Your father Abraham was overjoyed to see my day, and he saw it and was glad."

57 Then the Judeans replied, "You are not yet fifty years old! Have you seen Abraham?"

58 Jesus said to them, "I tell you the solemn truth, before Abraham came into existence, I am!"

59 Then they picked up stones to throw at him, but Jesus hid himself and went out from the temple area.

9

Healing a Man Born Blind

1 Now as Jesus was passing by, he saw a man who had been blind from birth.

53 당신은 우리의 아버지 아브라함보다 더 위대하지 않습니다, 그렇지요? 그리고 그 예언자들도 죽었습니다! 당신은 누구라고 주장하십니까?》

54 예수님이 대답하셨다,《만일 내가 내 자신에게 영광을 돌린다면, 내 영광은 가치가 없다. 나에게 영광을 돌리시는 분은, 너희 사람들이 그분에 대해 〈그분은 우리의 하나님이시다〉라고 말하는 나의 아버지이시다.

55 그래도 너희는 그분을 모른다, 그러나 나는 그분을 안다. 만일 내가 그분을 모른다고 말한다면, 나도 너희와 같은 거짓말쟁이일 것이다. 그러나 나는 분명히 그분을 알고, 나는 그분의 가르침을 지킨다.

56 너희의 아버지 아브라함은 나의 날을 볼 것을 매우 기뻐했다, 그리고 그는 그것을 보았고 기뻐하였다.》

57 그러자 유태 사람들이 대답했다,《당신은 아직 50살도 못되였습니다! 당신이 아브라함을 보았습니까?》

58 예수님이 그들에게 말씀하셨다,《내가 너희에게 확고한 진리를 말한다, 아브라함이 있기 전에 내가 있었다!》

59 그러자 그들이 그분에게 던지려고 돌들을 집어 들었다, 그러나 예수님은 자신을 숨기시고 신전 구내에서 빠져나가셨다.

눈멀어 태여난 남자를 고치심

1 예수님이 지나가실 때, 그분은 날 때부터 눈먼 한 남자를 보셨다.

2 His disciples asked him, "Rabbi, who committed the sin that caused him to be born blind, this man or his parents?"

3 Jesus answered, "Neither this man nor his parents sinned, but he was born blind so that the acts of God may be revealed through what happens to him.

4 We must perform the deeds of the one who sent me as long as it is daytime. Night is coming when no one can work.

5 As long as I am in the world, I am the light of the world."

6 Having said this, he spat on the ground and made some mud with the saliva. He smeared the mud on the blind man's eyes

7 and said to him, "Go wash in the pool of Siloam" (which is translated "sent"). So the blind man went away and washed, and came back seeing.

8 Then the neighbors and the people who had seen him previously as a beggar began saying, "Is this not the man who used to sit and beg?"

9 Some people said, "This is the man!" while others said, "No, but he looks like him." The man himself kept insisting, "I am the one!"

10 So they asked him, "How then were you made to see?"

11 He replied, "The man called Jesus made mud, smeared it on

2 예수님의 제자들이 그분에게 물었다, 《선생님, 그를 눈멀어 태여
나게 만든 죄를 누가 지었습니까? 이 남자입니까 아니면 그의 부
모입니까?》

3 예수님이 대답하셨다, 《이 남자도 그의 부모도 죄를 짓지 않았으
나, 그에게 일어나는 일을 통하여 하나님의 일들이 드러나도록,
그가 눈멀어 태여났다.

4 우리는 낮시간 동안 나를 보내신 분의 일을 해야만 한다. 아무도
일할 수 없는 밤이 올 것이다.

5 내가 세상에 있는 동안, 나는 세상의 빛이다.》

6 이 말씀을 하시고, 그분은 땅에 침을 뱉으시고 그 침으로 진흙을
만드셨다. 그분은 그 진흙을 눈먼 남자의 눈에 바르셨다

7 그리고 그에게 말씀하셨다, 《가서 실로암 연못에서 씻으라》 (그것
은 〈보내졌다〉고 번역됨). 그래서 그 눈먼 남자는 가서 씻었다, 그리
고 보며 돌아왔다.

8 그러자 이웃들과 전에 그를 거지로 보았던 사람들이 말하기 시작
했다, 《이 사람은 앉아서 빌어먹던 그 남자가 아닌가?》

9 몇몇 사람들이 말했다, 《이 사람이 그 남자요!》 그런데 한편 다른
사람들은 말했다, 《아니요, 그렇지만 그는 그 사람처럼 생겼소.》
그 남자 자신은 《내가 그 사람이요!》라고 계속 우겨 댔다.

10 그래서 그들이 그에게 물었다, 《그렇다면 네가 어떻게 보게 되었느
냐?》

11 그가 대답했다, 《예수라고 하는 분이 진흙을 만들어, 내 눈에 그

my eyes and told me, 'Go to Siloam and wash.' So I went and washed, and was able to see."

12 They said to him, "Where is that man?" He replied, "I don't know."

The Pharisees' Reaction to the Healing

13 They brought the man who used to be blind to the Pharisees.

14 (Now the day on which Jesus made the mud and caused him to see was a Sabbath.)

15 So the Pharisees asked him again how he had gained his sight. He replied, "He put mud on my eyes and I washed, and now I am able to see."

16 Then some of the Pharisees began to say, "This man is not from God, because he does not observe the Sabbath." But others said, "How can a man who is a sinner perform such miraculous signs?" Thus there was a division among them.

17 So again they asked the man who used to be blind, "What do you say about him, since he caused you to see?" "He is a prophet," the man replied.

18 Now the Jewish religious leaders refused to believe that he had really been blind and had gained his sight until at last they summoned the parents of the man who had become able to see.

19 They asked the parents, "Is this your son, whom you say was born blind? Then how does he now see?"

것을 바르고 나에게 말씀하셨습니다, 〈실로암에 가서 씻으라.〉 그래서 내가 가서 씻었는데, 볼 수 있었습니다.》

12 그들이 그에게 말했다, 《그 사람이 어디에 있는가?》 그가 대답했다, 《나는 모릅니다.》

병고침에 대한 바리새파 사람들의 반응

13 그들은 눈멀었던 그 남자를 바리새파 사람들에게 데려갔다.

14 (예수님이 진흙을 만들어 그를 보게 하신 날은 은정의 휴식일이였다.)

15 그래서 바리새파 사람들은 그가 어떻게 그의 시력을 얻었는지 그에게 다시 물었다. 그가 대답했다, 《그분이 내 눈에 진흙을 바르셨고 나는 씻었습니다, 그랬더니 지금 내가 볼 수 있습니다.》

16 그러자 바리새파 사람들 중 몇 사람이 말하기 시작했다, 《이 사람은 하나님으로부터 오지 않았소, 왜냐하면 그가 은정의 휴식일을 지키지 않기 때문이오.》 그러나 다른 사람들이 말했다, 《죄인인 사람이 어떻게 그런 기적적인 표적들을 보일 수 있겠소?》 그래서 그들 사이에 분렬이 있었다.

17 그리하여 그들은 눈멀었던 그 남자에게 다시 물었다, 《그가 너를 보게 해주었으므로, 너는 그에 대해 어떻게 생각하느냐?》 《그분은 예언자이십니다》라고 그 남자가 대답했다.

18 유태인 종교 지도자들은, 끝내 볼 수 있게 된 사람의 부모를 불러들였을 때까지, 그가 진짜로 눈멀었었다는 것과 자기 시력을 얻었다는 것을 믿기를 거부했다.

19 그들은 부모에게 물었다, 《너희가 눈멀어 태여났다고 말하는 이 사람이 너희 아들이냐? 그렇다면 그가 지금은 어떻게 보느냐?》

20 So his parents replied, "We know that this is our son and that he was born blind.

21 But we do not know how he is now able to see, nor do we know who caused him to see. Ask him, he is a mature adult. He will speak for himself."

22 (His parents said these things because they were afraid of the Jewish religious leaders. For the Jewish leaders had already agreed that anyone who confessed Jesus to be the Christ would be put out of the synagogue.

23 For this reason his parents said, "He is a mature adult, ask him.")

24 Then they summoned the man who used to be blind a second time and said to him, "Promise before God to tell the truth. We know that this man is a sinner."

25 He replied, "I do not know whether he is a sinner. I do know one thing – that although I was blind, now I can see."

26 Then they said to him, "What did he do to you? How did he cause you to see?"

27 He answered, "I told you already and you didn't listen. Why do you want to hear it again? You people don't want to become his disciples too, do you?"

28 They heaped insults on him, saying, "You are his disciple! We are disciples of Moses!

20 그래서 그의 부모가 대답했다.《우리는 이 사람이 우리 아들이라
는 것과 그가 눈멀어 태여났다는 것을 압니다.

21 그러나 우리는 어떻게 그가 지금 볼 수 있는지도 모르고, 누가 그
를 보게 해주었는지도 모릅니다. 그에게 물어보십시오, 그는 다
자란 어른입니다. 그가 자기 스스로 말할 것입니다.》

22 (그의 부모는 그들이 유태인 종교 지도자들을 두려워했기 때문에 이
런 말을 했다. 왜냐하면 유태인 종교 지도자들이 예수님을 그리스도
라고 인정하는 사람은 누구든지 군중회관에서 쫓겨나게 될 것이라고
이미 결정했기 때문이였다.

23 이런 리유로 그의 부모는《그는 다 자란 어른입니다, 그에게 물어보십
시오》라고 말했다.)

24 그러자 그들이 눈멀었던 그 남자를 두 번째로 불러들여 그에게 말
했다.《하나님 앞에서 진실을 말할 것을 약속하라. 우리는 이 남
자가 죄인인 것을 안다.》

25 그가 대답했다.《나는 그분이 죄인인지 아닌지는 모릅니다. 내가
한 가지는 압니다 – 나는 눈이 멀었댔으나, 이제 내가 볼 수 있다
는 것입니다.》

26 그러자 그들이 그에게 말했다.《그가 너에게 무슨 일을 했느냐?
그가 어떻게 너를 보게 했느냐?》

27 그가 대답했다.《내가 당신들에게 이미 말했는데, 당신들은 듣지
않았습니다. 왜 당신들은 그것을 다시 듣고 싶어합니까? 당신들도
그분의 제자가 되고 싶은 것은 아니시지요, 그렇습니까?》

28 그들은 그에게 욕을 퍼부으며 말했다.《네가 그자의 제자다! 우리
는 모세의 제자들이다!

29 We know that God has spoken to Moses! We do not know where this man comes from!"

30 The man replied, "This is a remarkable thing, that you don't know where he comes from, and yet he caused me to see!

31 We know that God doesn't listen to sinners, but if anyone is devout and does his will, God listens to him.

32 Never before has anyone heard of someone causing a man born blind to see.

33 If this man were not from God, he could do nothing."

34 They replied, "You were born completely in sinfulness, and yet you presume to teach us?" So they threw him out.

The Man's Response to Jesus

35 Jesus heard that they had thrown him out, so he found the man and said to him, "Do you believe in the Son of Man?"

36 The man replied, "And who is he, sir, that I may believe in him?"

37 Jesus told him, "You have seen him; he is the one speaking with you."

38 [He said, "Lord, I believe," and he worshiped him.

39 Jesus said,] "For judgment I have come into this world, so

29 우리는 하나님이 모세에게 말씀하셨다는 것을 알고 있다! 우리는 이자가 어디로부터 왔는지 모른다!》

30 그 남자가 대답했다,《이것은 이상한 일입니다, 당신들은 그분이 어디에서 오셨는지 모르는데, 그분은 나를 보게 해주셨습니다!

31 우리는 하나님이 죄인들의 말을 듣지 않으신다는 것을 압니다, 그러나 만일 누구든지 신앙심이 두텁고 그분의 뜻을 실천한다면, 하나님은 그의 말을 들어주십니다.

32 그 누구도 눈멀어 태여난 사람을 보게 한 사람에 대해 일찌기 들어 본 적이 없었습니다.

33 만일 이분이 하나님으로부터 오시지 않았다면, 그분은 아무것도 할 수 없었을 것입니다.》

34 그들이 대답했다,《네가 완전히 죄 가운데서 태여났으면서도 감히 우리를 가르치려드느냐?》그래서 그들은 그를 쫓아내 버렸다.

예수님에게 한 그 남자의 대답

35 예수님은 그들이 그를 쫓아냈다는 것을 들으셨다, 그래서 그분은 그를 만나 그에게 말씀하셨다,《너는 사람의 아들을 믿느냐?》

36 그 남자가 대답했다,《그러면 선생님, 제가 믿을 그분이 누구십니까?》

37 예수님이 그에게 말씀하셨다,《네가 그를 보았다. 너와 이야기하고 있는 사람이 바로 그다.》

38 [그가 말했다,《주님, 제가 믿습니다,》그리고 그는 그분에게 공손히 절했다.

39 예수님이 말씀하셨다,]《심판을 위해서 나는 이 세상에 왔다, 그래

that those who do not see may gain their sight, and the ones who see may become blind."

40 Some of the Pharisees who were with him heard this and asked him, "We are not blind too, are we?"

41 Jesus replied, "If you were blind, you would not be guilty of sin, but now because you claim that you can see, your guilt remains."

Jesus as the Good Shepherd

1 "I tell you the solemn truth, the one who does not enter the sheepfold by the door, but climbs in some other way, is a thief and a robber.

2 The one who enters by the door is the shepherd of the sheep.

3 The doorkeeper opens the door for him, and the sheep hear his voice. He calls his own sheep by name and leads them out.

4 When he has brought all his own sheep out, he goes ahead of them, and the sheep follow him because they recognize his voice.

5 They will never follow a stranger, but will run away from him, because they do not recognize the stranger's voice."

6 Jesus told them this parable, but they did not understand

서 보지 못하는 사람들은 시력을 얻고, 보는 사람들은 눈멀게 될 것이다.》

40 그분과 함께 있던 바리새파 사람들 중 몇 사람이 이 말을 듣고 그분에게 물었다, 《우리 역시 눈멀지 않았다, 그렇지?》

41 예수님이 대답하셨다, 《만일 너희가 눈멀었다고 한다면, 너희는 죄가 없을 것이다, 그러나 지금 너희는 자신들이 볼 수 있다고 주장하니, 너희의 죄는 남아 있다.》

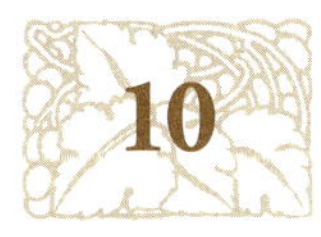

10

선량한 양치기이신 예수님

1 《내가 너희에게 확고한 진리를 말한다, 양우리에 문으로 들어가지 않고 다른 데로 넘어가는 사람은 도적이고 강도이다.

2 문으로 들어가는 사람은 양의 양치기다.

3 문지기는 그를 위해 문을 열어 주고, 양들은 그의 목소리를 듣는다. 그는 자기 양들을 이름으로 불러, 그들을 이끌어 낸다.

4 양치기가 자기 양들을 모두 데리고 나온 다음에, 그는 양들의 앞장에서 가고, 양들은 그를 따라간다, 왜냐하면 양들이 그의 목소리를 알아듣기 때문이다.

5 양들은 낯선 사람을 결코 따라가지 않고, 그로부터 도망친다, 왜냐하면 그들이 낯선 사람의 목소리를 알아듣지 못하기 때문이다.》

6 예수님은 그들에게 이 빗댄말을 하셨으나, 그들은 그분이 자기들

what he was saying to them.

7   So Jesus said to them again, "I tell you the solemn truth, I am the door for the sheep.

8   All who came before me were thieves and robbers, but the sheep did not listen to them.

9   I am the door. If anyone enters through me, he will be saved, and will come in and go out, and find pasture.

10   The thief comes only to steal and kill and destroy; I have come so that they may have life, and may have it abundantly.

11   "I am the good shepherd. The good shepherd lays down his life for the sheep.

12   The hired hand, who is not a shepherd and does not own sheep, sees the wolf coming and abandons the sheep and runs away. So the wolf attacks the sheep and scatters them.

13   Because he is a hired hand and is not concerned about the sheep, he runs away.

14   "I am the good shepherd. I know my own and my own know me –

15   just as the Father knows me and I know the Father – and I lay down my life for the sheep.

16   I have other sheep that do not come from this sheepfold. I must bring them too, and they will listen to my voice, so that there will be one flock and one shepherd.

에게 하시는 말씀을 리해하지 못했다.

7 그래서 예수님은 그들에게 다시 말씀하셨다, 《내가 너희에게 확고한 진리를 말한다, 나는 양들을 위한 문이다.

8 나보다 먼저 온 모든 사람들은 도적들이고 강도들이였다, 그래서 양들은 그들의 말을 듣지 않았다.

9 나는 문이다. 만일 누구든지 나를 통해 들어오면, 그는 구원될 것이고, 들어오고 나가며 목초지를 찾을 것이다.

10 도적은 오직 훔치고, 죽이며, 파괴하기 위해 온다. 나는 양들이 생명을 얻도록, 그리고 그것을 풍성하게 얻도록 하기 위해 왔다.

11 《나는 선량한 양치기다. 선량한 양치기는 양들을 위해 자기 목숨을 바친다.

12 양치기가 아니고 양을 소유하지 않은 삯군은 승냥이가 오는 것을 보고, 양들을 버리고 도망친다. 그래서 승냥이가 양들을 공격하고 그들을 흩어지게 한다.

13 왜냐하면 그는 삯군이고 양들에 대해 마음 쓰지 않기 때문에, 그가 도망친다.

14 《나는 선량한 양치기다. 나는 내 양들을 알고 내 양들도 나를 안다.

15 이것은 아버지가 나를 아시고 내가 아버지를 아는 것과 같다. 그래서 나는 그 양들을 위해 내 목숨을 바친다.

16 나에게는 이 양우리에 속하지 않은 다른 양들이 있다. 내가 그것들도 데려와야만 하는데, 그것들이 나의 목소리를 들을 것이고, 그래서 한 무리와 한 양치기가 있을 것이다.

17 This is why the Father loves me – because I lay down my life, so that I may take it back again.

18 No one takes it away from me, but I lay it down of my own free will. I have the authority to lay it down, and I have the authority to take it back again. This commandment I received from my Father."

19 Another sharp division took place among the Jewish people because of these words.

20 Many of them were saying, "He is possessed by a demon and has lost his mind! Why do you listen to him?"

21 Others said, "These are not the words of someone possessed by a demon. A demon cannot cause the blind to see, can it?"

Jesus at the Feast of Dedication

22 Then came the feast of the Dedication in Jerusalem.

23 It was winter, and Jesus was walking in the temple area in Solomon's Portico.

24 The Jewish leaders surrounded him and asked, "How long will you keep us in suspense? If you are the Christ, tell us plainly."

25 Jesus replied, "I told you and you do not believe. The deeds I do in my Father's name testify about me.

26 But you refuse to believe because you are not my sheep.

17 이것이 아버지께서 나를 사랑하시는 리유이다. 왜냐하면 내가 목숨을 다시 얻기 위해, 그것을 바치기 때문이다.

18 내게서 그것을 빼앗아 갈 사람은 아무도 없다, 그러나 나는 자진하여 그것을 바친다. 나에게는 그것을 내놓을 권한이 있고, 나에게는 그것을 다시 찾을 권한도 있다. 이 명령은 내가 나의 아버지로부터 받은 것이다.》

19 이 말씀들 때문에 유태인들 사이에 또 하나의 뚜렷한 분렬이 일어났다.

20 그들 중 많은 사람들이 말했다,《그가 귀신 들려서 제 정신을 잃었소! 왜 당신들은 그의 말을 듣소?》

21 다른 사람들이 말했다,《이것은 귀신 들린 사람의 말이 아니오. 귀신이 눈먼 사람을 볼 수 있게 할 수는 없소, 그렇지 않소?》

헌납절 때의 예수님

22 그런 후에 예루살렘에 헌납절이 다가왔다.

23 때는 겨울이였다, 그리고 예수님은 솔로몬의 기둥복도가 있는 신전 구역 안에서 걷고 계셨다.

24 유태인 지도자들이 그분을 둘러싸고 물었다,《당신이 얼마나 오래동안 우리 마음을 조일 셈이오? 만일 당신이 그리스도라면, 우리에게 터놓고 말하시오.》

25 예수님이 대답하셨다,《내가 너희에게 말했으나 너희는 믿지 않는다. 내가 아버지의 이름으로 하는 일들이 나에 대해 립증한다.

26 그러나 너희가 나의 양이 아니기 때문에 믿기를 거부한다.

27 My sheep listen to my voice, and I know them, and they follow me.

28 I give them eternal life, and they will never perish; no one will snatch them from my hand.

29 My Father, who has given them to me, is greater than all, and no one can snatch them from my Father's hand.

30 The Father and I are one."

31 The Jewish leaders picked up rocks again to stone him to death.

32 Jesus said to them, "I have shown you many good deeds from the Father. For which one of them are you going to stone me?"

33 The Jewish leaders replied, "We are not going to stone you for a good deed but for blasphemy, because you, a man, are claiming to be God."

34 Jesus answered, "Is it not written in your law, **'I said, you are gods'**?

35 If those people to whom the word of God came were called 'gods' (and the scripture cannot be broken),

36 do you say about the one whom the Father set apart and sent into the world, 'You are blaspheming,' because I said, 'I am the Son of God'?

27 내 양들은 나의 목소리를 듣는다, 그리고 내가 그것들을 알며, 그것들은 나를 따른다.

28 나는 양들에게 영원한 생명을 준다, 그리고 그것들은 결코 멸망하지 않을 것이다. 내 손에서 그것들을 빼앗아 갈 사람은 아무도 없을 것이다.

29 그것들을 나에게 주신 내 아버지는 모든 것보다 더 위대하시다, 그리고 내 아버지의 손에서 그것들을 빼앗아 갈 사람은 아무도 없다.

30 아버지와 나는 하나이다.》

31 유태인 지도자들이 그분을 돌 던져 죽이기 위해 다시 돌을 집어 들었다.

32 예수님이 그들에게 말씀하셨다, 《내가 너희에게 아버지로부터 온 많은 선한 일들을 보여 주었다. 그것들 중 어떤 것 때문에 너희가 내게 돌 던지려 하느냐?》

33 유태인 지도자들이 대답했다, 《우리는 선한 일 때문이 아니라 하나님 모독 때문에 너에게 돌 던지려는 것이다, 왜냐하면 사람인 네가 하나님이라고 주장하고 있기 때문이다.》

34 예수님이 대답하셨다, 《너희의 률법에, 〈너희가 신들이다라고 내가 말했다.〉고 기록되여 있지 않느냐?》

35 하나님의 말씀을 받은 사람들은 〈신들〉이라고 불리웠다 (그런데 하나님의 약속 말씀은 파기될 수 없다),

36 내가 〈나는 하나님의 아들이다〉라고 말했다고 해서, 너희는 아버지께서 구별하여 세상으로 보내신 사람에 대해 〈네가 하나님 모독을 하고 있다〉라고 말하느냐?

37 If I do not perform the deeds of my Father, do not believe me.

38 But if I do them, even if you do not believe me, believe the deeds, so that you may come to know and understand that I am in the Father and the Father is in me."

39 Then they attempted again to seize him, but he escaped their clutches.

40 Jesus went back across the Jordan River again to the place where John had been baptizing at an earlier time, and he stayed there.

41 Many came to him and began to say, "John performed no miraculous sign, but everything John said about this man was true!"

42 And many believed in Jesus there.

The Death of Lazarus

1 Now a certain man named Lazarus was sick. He was from Bethany, the village where Mary and her sister Martha lived.

2 (Now it was Mary who anointed the Lord with perfumed oil and wiped his feet dry with her hair, whose brother Lazarus was sick.)

3 So the sisters sent a message to Jesus, "Lord, look, the one you love is sick."

37 만일 내가 내 아버지의 일들을 하지 않는다면, 나를 믿지 말라.

38 그러나 만일 내가 그것들을 한다면, 비록 너희가 나를 믿지 않더라도 그 일들은 믿으라. 그러면 내가 아버지 안에 있고 아버지께서 내 안에 계시다는 것을 알고 리해할 수 있게 될 것이다.》

39 그러자 그들이 그분을 다시 붙잡으려 했다, 그러나 그분은 그들의 손아귀에서 벗어나셨다.

40 예수님은 다시 요단강 저쪽 그전에 요한이 세례를 주던 곳으로 돌아가셨다, 그리고 그분은 거기에 머무르셨다.

41 많은 사람들이 그분에게 왔다, 그리고 말하기 시작했다,《요한은 기적적인 증표를 하나도 보이지 않았다, 그러나 이분에 대해 요한이 말했던 모든 것이 사실이였다!》

42 그리고 거기에서 많은 사람들이 예수님을 믿었다.

11

나사로의 죽음

1 나사로라는 이름의 한 남자가 병들었다. 그는 마리아와 그 언니 마르다가 살았던 마을, 베다니 출신이였다.

2 (이 사람은 주님에게 향내 나는 기름을 붓고 자신의 머리카락으로 그분의 발을 닦아 드린 마리아였다, 그 녀자의 오빠 나사로가 병들었다.)

3 그래서 그 녀동생들이 예수님에게 소식을 보냈다,《주님, 보십시오, 당신이 사랑하는 사람이 앓고 있습니다.》

4 When Jesus heard this, he said, "This sickness will not lead to death, but to God's glory, so that the Son of God may be glorified through it."

5 (Now Jesus loved Martha and her sister and Lazarus.)

6 So when he heard that Lazarus was sick, he remained in the place where he was for two more days.

7 Then after this, he said to his disciples, "Let us go to Judea again."

8 The disciples replied, "Rabbi, the Jewish leaders were just now trying to stone you to death! Are you going there again?"

9 Jesus replied, "Are there not twelve hours in a day? If anyone walks around in the daytime, he does not stumble, because he sees the light of this world.

10 But if anyone walks around at night, he stumbles, because the light is not in him."

11 After he said this, he added, "Our friend Lazarus has fallen asleep. But I am going there to awaken him."

12 Then the disciples replied, "Lord, if he has fallen asleep, he will recover."

13 (Now Jesus had been talking about his death, but they thought he had been talking about real sleep.)

14 Then Jesus told them plainly, "Lazarus has died,

15 and I am glad for your sake that I was not there, so that you

4 예수님이 이것을 들으시고 말씀하셨다, 《이 병은 죽음으로가 아니라 하나님의 영광으로 이끌 것이다, 그래서 그것을 통해 하나님의 아들이 영광받을 것이다.》

5 (예수님은 마르다와 그 녀자의 녀동생 그리고 나사로를 사랑하셨다.)

6 그래서 그분이 나사로가 병들었다는 것을 들으셨을 때, 그분은 자신이 계셨던 곳에 이틀 더 머무르셨다.

7 이 일 후에, 그분은 자기 제자들에게 말씀하셨다, 《다시 유태로 가자.》

8 제자들이 대답했다, 《선생님, 유태인 지도자들이 방금 선생님을 돌던져 죽이려고 했습니다! 선생님은 거기에 다시 가려고 하십니까?》

9 예수님이 대답하셨다, 《낮에는 열두 시간이 있지 않느냐? 누구나 낮 시간에 걸어 돌아다니면, 그는 넘어지지 않는다, 왜냐하면 그가 이 세상의 빛을 보기 때문이다.

10 그러나 만일 누구든지 밤에 걸어 돌아다니면, 그는 넘어진다, 왜냐하면 빛이 그 사람 속에 없기 때문이다.》

11 그분이 이 말씀을 하신 후에, 그분은 덧붙이셨다, 《우리 친구 나사로가 잠들었다. 그러나 나는 그를 깨우러 거기에 가겠다.》

12 그러자 제자들이 대답했다, 《주님, 만일 그가 잠들었다면, 그는 나을 것입니다.》

13 (예수님은 그의 죽음에 대해 이야기하고 계셨다, 그러나 그들은 그분이 진짜 잠에 대해서 말씀하고 계셨던 줄로 생각했다.)

14 그러자 예수님이 그들에게 명백히 말씀하셨다, 《나사로가 죽었다,

15 그런데 나는 너희를 위해서는 내가 거기에 있지 않았던 것이 기쁘

may believe. But let us go to him."

16 So Thomas (called Didymus) said to his fellow disciples, "Let us go too, so that we may die with him."

Speaking with Martha and Mary

17 When Jesus arrived, he found that Lazarus had been in the tomb four days already.

18 (Now Bethany was less than two miles from Jerusalem,

19 so many of the Jewish people of the region had come to Martha and Mary to console them over the loss of their brother.)

20 So when Martha heard that Jesus was coming, she went out to meet him, but Mary was sitting in the house.

21 Martha said to Jesus, "Lord, if you had been here, my brother would not have died.

22 But even now I know that whatever you ask from God, God will grant you."

23 Jesus replied, "Your brother will come back to life again."

24 Martha said, "I know that he will come back to life again in the resurrection at the last day."

25 Jesus said to her, "I am the resurrection and the life. The one who believes in me will live even if he dies,

26 and the one who lives and believes in me will never die. Do

다, 그리하여 너희는 믿게 될 것이다. 그러나 그에게로 가자.》

16 그래서 도마(디두모라고 불림)는 그의 친구 제자들에게 말했다, 《우리도 또한 그분과 함께 죽으러 가자.》

마르다와 마리아와 말씀하심

17 예수님이 도착하셨을 때, 그분은 나사로가 이미 4일 동안 무덤 속에 있었던 것을 알게 되셨다.

18 (베다니는 예루살렘에서 2 마일(약 3키로메터)이 조금 못 되었다,

19 그래서 그 지역의 유태인들 중 많은 사람들이 그들 오빠의 상실에 대해 마르다와 마리아를 위로하기 위해서 그들에게 왔다.)

20 그래서 마르다가 예수님이 오신다는 것을 들었을 때, 그 녀자는 그분을 마중하러 나갔다, 그러나 마리아는 집에 앉아 있었다.

21 마르다가 예수님에게 말했다, 《주님, 당신이 여기에 계셨더라면, 저의 오빠가 죽지 않았을 것입니다.

22 그러나 지금이라도 저는 당신이 하나님께 요구하는 것은 무엇이든지, 하나님께서 당신에게 주실 것을 압니다.》

23 예수님이 대답하셨다, 《너의 오빠는 다시 살아날 것이다.》

24 마르다가 말했다, 《저는 그가 마지막 날에 부활로 다시 살아날 것을 압니다.》

25 예수님이 그 녀자에게 말씀하셨다, 《나는 부활이고 생명이다. 나를 믿는 사람은 그가 죽는다 할지라도 살 것이다,

26 그리고 살아서 나를 믿는 사람은 결코 죽지 않을 것이다. 네가 이

you believe this?"

27 She replied, "Yes, Lord, I believe that you are the Christ, the Son of God who comes into the world."

28 And when she had said this, Martha went and called her sister Mary, saying privately, "The Teacher is here and is asking for you."

29 So when Mary heard this, she got up quickly and went to him.

30 (Now Jesus had not yet entered the village, but was still in the place where Martha had come out to meet him.)

31 Then the people who were with Mary in the house consoling her saw her get up quickly and go out. They followed her, because they thought she was going to the tomb to weep there.

32 Now when Mary came to the place where Jesus was and saw him, she fell at his feet and said to him, "Lord, if you had been here, my brother would not have died."

33 When Jesus saw her weeping, and the people who had come with her weeping, he was intensely moved in spirit and greatly distressed.

34 He asked, "Where have you laid him?" They replied, "Lord, come and see."

35 Jesus wept.

것을 믿느냐?》

27 그 녀자가 대답했다, 《예, 주님, 저는 당신이 그리스도이시고, 세
상에 오는 하나님의 아들이시라는 것을 믿습니다.》

28 그리고 마르다가 이 말을 한 뒤, 그 녀자는 가서 자기 녀동생 마리
아를 불러 남몰래 말했다, 《선생님이 여기에 계시며 너를 찾고 계
신다.》

29 그래서 마리아가 이 말을 들었을 때, 그 녀자는 급히 일어나 그분
에게로 갔다.

30 (예수님은 아직 마을에 들어가지 않으셨고, 마르다가 그분을 만나기
위해 나왔던 곳에 여전히 계셨다.)

31 그때 마리아를 위로하면서 집 안에 그 녀자와 함께 있었던 사람들
이 그 녀자가 급히 일어나서 나가는 것을 보았다. 그들은 그 녀자
를 따라갔다, 왜냐하면 그들이 그 녀자가 무덤에서 울려고 거기에
가려는 것으로 생각했기 때문이였다.

32 마리아가 예수님이 계시는 곳에 가서 그분을 보았을 때, 그 녀자
는 그분 발 아래 엎드려 그분에게 말했다, 《주님, 만일 당신이 여
기에 계셨더라면, 저의 오빠는 죽지 않았을 것입니다.》

33 예수님이 그 녀자가 우는 것과 그 녀자와 함께 온 사람들이 우는
것을 보았을 때, 그분은 마음속으로 몹시 비통해하셨고 매우 슬
퍼하셨다.

34 그분이 물으셨다, 《너희가 그를 어디에 두었느냐?》 그들이 대답했
다, 《주님, 와서 보십시오.》

35 예수님이 눈물을 흘리셨다.

36 Thus the people who had come to mourn said, "Look how much he loved him!"

37 But some of them said, "This is the man who caused the blind man to see! Couldn't he have done something to keep Lazarus from dying?"

Lazarus Raised from the Dead

38 Jesus, intensely moved again, came to the tomb. (Now it was a cave, and a stone was placed across it.)

39 Jesus said, "Take away the stone." Martha, the sister of the deceased, replied, "Lord, by this time the body will have a bad smell, because he has been buried four days."

40 Jesus responded, "Didn't I tell you that if you believe, you would see the glory of God?"

41 So they took away the stone. Jesus looked upward and said, "Father, I thank you that you have listened to me.

42 I knew that you always listen to me, but I said this for the sake of the crowd standing around here, that they may believe that you sent me."

43 When he had said this, he shouted in a loud voice, "Lazarus, come out!"

44 The one who had died came out, his feet and hands tied up with strips of cloth, and a cloth wrapped around his face. Jesus said to them, "Unwrap him and let him go."

36 그래서 조문하러 왔던 사람들이 말했다, 《그분이 그를 얼마나 사랑했는지 보아라!》

37 그러나 그들 중 몇 사람이 말했다, 《이분이 눈먼 사람을 보게 하신 그분이시다! 나사로를 죽는 것으로부터 지켜 내기 위해 그분이 뭔가 할 수 있지 않았을까?》

죽음으로부터 되살아난 나사로

38 다시 몹시 비통해지신 예수님은, 무덤으로 가셨다, (그것은 동굴이였다, 그리고 돌 하나가 그것을 가로질러 놓여 있었다.)

39 예수님이 말씀하셨다, 《돌을 치워라.》 죽은 사람의 녀동생인 마르다가 대답했다, 《주님, 지금쯤이면 시체에서 고약한 냄새가 날 것입니다, 왜냐하면 그가 4일 동안 묻혀 있었기 때문입니다.》

40 예수님이 대답하셨다, 《만일 네가 믿으면, 네가 하나님의 영광을 볼 것이라고 내가 너에게 말하지 않았느냐?》

41 그래서 그들이 돌을 치웠다. 예수님이 우를 쳐다보시며 말씀하셨다, 《아버지, 당신이 저의 말을 들어주셨으니 감사합니다.

42 저는 당신이 언제나 저의 말을 들어주시는 것을 알고 있습니다, 그러나 저는 이곳에 둘러서 있는 군중을 위하여, 당신이 저를 보내셨다는 것을 그들이 믿도록, 이 말을 했습니다.》

43 그분이 이 말씀을 하시고, 그분은 큰 목소리로 웨치셨다, 《나사로야, 나오너라!》

44 그의 발과 량손은 천조각에 동여진 채로 죽었던 사람이 밖으로 나왔는데, 천이 그의 얼굴을 감싸고 있었다. 예수님이 그들에게 말씀하셨다, 《그를 풀어주어 가게 하라.》

The Response of the Jewish Leaders

45 Then many of the people, who had come with Mary and had seen the things Jesus did, believed in him.

46 But some of them went to the Pharisees and reported to them what Jesus had done.

47 So the chief priests and the Pharisees called the council together and said, "What are we doing? For this man is performing many miraculous signs.

48 If we allow him to go on in this way, everyone will believe in him, and the Romans will come and take away our sanctuary and our nation."

49 Then one of them, Caiaphas, who was high priest that year, said, "You know nothing at all!

50 You do not realize that it is more to your advantage to have one man die for the people than for the whole nation to perish."

51 (Now he did not say this on his own, but because he was high priest that year, he prophesied that Jesus was going to die for the Jewish nation,

52 and not for the Jewish nation only, but to gather together into one the children of God who are scattered.)

53 So from that day they planned together to kill him.

54 Thus Jesus no longer went around publicly among the Judeans, but went away from there to the region near the wilderness, to a town called Ephraim, and stayed there with his disciples.

유태인 지도자들의 반응

45 그러자 마리아와 함께 와서 예수님이 하신 일을 본, 사람들 중 많은 사람들이 그분을 믿었다.

46 그러나 그들 중 몇 사람은 바리새파 사람들에게 가서 그들에게 예수님이 하신 일을 전했다.

47 그래서 총제사장들과 바리새파 사람들이 평의회를 소집하고 말했다,《우리가 어떻게 하겠소? 이 사람이 많은 기적적인 증표들을 보이고 있으니 말이오.

48 만일 그가 이런 식으로 가도록 우리가 내버려 둔다면, 모든 사람이 그를 믿게 될 것이오, 그리고 로마 사람들이 와서 우리 신전과 우리 민족을 빼앗아 버릴 것이오.》

49 그러자 그들 중 한 사람, 그 해의 총제사장이였던 가야바가 말했다,《당신들은 아무것도 모르고 있소!

50 당신들은 민족 전체가 망하는 것보다 백성을 위해 한 사람을 죽게 하는 것이 당신들에게 더 유익하다는 것을 깨닫지 못하고 있소.》

51 (그는 이 말을 자기 스스로 하지 않았다, 그러나 그가 그 해의 총제사장이였으므로, 그는 예수님이 유태 민족을 위해 죽을 것이라고 예언했다,

52 그리고, 오직 유태 민족만을 위해서가 아니라, 흩어져 있는 하나님의 자녀들을 한데 모으시기 위해서 죽을 것이라고 예언했다.)

53 그래서 그날부터 그들은 그분을 죽이려고 함께 계획했다.

54 그러므로 예수님은 더 이상 유태 사람들 사이에 공공연히 다니지 않으시고, 그곳에서 황야에 가까운 지역, 에브라임이라고 불리는 마을로 떠나가셨다, 그리고 거기에서 자기 제자들과 함께 머무르셨다.

55 Now the Jewish feast of Passover was near, and many people went up to Jerusalem from the rural areas before the Passover to cleanse themselves ritually.

56 Thus they were looking for Jesus, and saying to one another as they stood in the temple courts, "What do you think? That he won't come to the feast?"

57 (Now the chief priests and the Pharisees had given orders that anyone who knew where Jesus was should report it, so that they could arrest him.)

12

Jesus' Anointing

1 Then, six days before the Passover, Jesus came to Bethany, where Lazarus lived, whom he had raised from the dead.

2 So they prepared a dinner for Jesus there. Martha was serving, and Lazarus was among those present at the table with him.

3 Then Mary took three quarters of a pound of expensive aromatic oil from pure nard and anointed the feet of Jesus She then wiped his feet dry with her hair. (Now the house was filled with the fragrance of the perfumed oil.)

4 But Judas Iscariot, one of his disciples (the one who was going to betray him) said,

55 유태인의 건너뜀 명절이 가까웠다, 그리고 많은 사람들이 례식대로 자신들을 깨끗하게 하기 위해 건너뜀 명절 전에 시골 지역으로부터 예루살렘으로 올라갔다.

56 그래서 그들은 예수님을 찾으면서, 신전 안마당에 서서 서로에게 말하고 있었다,《어떻게 생각하오? 그가 명절에 오지 않겠소?》

57 (총제사장들과 바리새파 사람들은, 그들이 예수님을 체포할 수 있도록, 그가 어디에 있는지 안 사람은 누구든지 그것을 보고해야 한다는 명령을 내렸다.)

12

예수님에게 신성기름 붓기

1 그런 다음, 건너뜀 명절 6일 전에, 예수님은 그분이 죽은 사람들로부터 살리셨던 나사로가 살았던 베다니에 가셨다.

2 그래서 그들은 거기에서 예수님을 위해 저녁을 준비했다. 마르다는 손님 접대하고 있었고, 나사로는 그분과 함께 식탁에 있던 사람들 사이에 있었다.

3 그때 마리아가 순수한 감송으로 만든 값비싼 향기로운 기름 4분의 3파운드(약 300그람)를 가져와서 예수님의 발에 부었다. 그 녀자는 그런 후에 그분의 발을 자기 머리카락으로 닦아 냈다. (그 집은 향기로운 기름의 향으로 가득 찼다.)

4 그런데 그분의 제자 중 한 사람인(그분을 배반하게 될 사람), 가룟 유다가 말했다,

5   "Why wasn't this oil sold for three hundred silver coins and the money given to the poor?"

6   (Now Judas said this not because he was concerned about the poor, but because he was a thief. As keeper of the money box, he used to steal what was put into it.)

7   So Jesus said, "Leave her alone. She has kept it for the day of my burial.

8   For you will always have the poor with you, but you will not always have me!"

9   Now a large crowd of Judeans learned that Jesus was there, and so they came not only because of him but also to see Lazarus whom he had raised from the dead.

10 So the chief priests planned to kill Lazarus too,

11 for on account of him many of the Jewish people from Jerusalem were going away and believing in Jesus.

The Triumphal Entry

12 The next day the large crowd that had come to the feast heard that Jesus was coming to Jerusalem.

13 So they took branches of palm trees and went out to meet him. They began to shout, "***Hosanna! Blessed is the one who comes in the name of the Lord!*** Blessed is the king of Israel!"

14 Jesus found a young donkey and sat on it, just as it is written,

5 《왜 이 기름이 은전 300에 팔려서, 그 돈이 가난한 사람들에게 주어지지 않았는가?》

6 (유다가 가난한 사람들에 대해 마음을 썼기 때문이 아니라, 그는 도적이였기 때문에 이 말을 했다. 그는 돈궤를 지키는 사람으로서 그 속에 들어간 것을 훔치곤 했다.)

7 그래서 예수님이 말씀하셨다,《그 녀자를 내버려 두어라. 그 녀자는 내 장례날을 위해 그것을 간직해 두었다.

8 왜냐하면 너희에게는 항상 너희와 함께 가난한 사람들이 있겠지만, 너희에게 나는 항상 있지 않을 것이기 때문이다!》

9 유태 사람들의 큰 군중이 예수님이 거기에 계신 것을 들어서 알았다, 그래서 그들은 예수님 때문만이 아니라 그분이 죽은 사람들로부터 살리신 나사로도 보기 위해서 왔다.

10 그래서 총제사장들은 나사로까지도 죽이기로 계획했다,

11 왜냐하면 그 사람 때문에 예루살렘으로부터 온 많은 유태인들이 떠나가서 예수님을 믿고 있었기 때문이였다.

개선의 입성

12 그 다음 날에 명절 쇠러 온 많은 사람들은 예수님이 예루살렘으로 오고 계신다는 것을 들었다.

13 그래서 그들은 야자나무 가지들을 가져다가 그분을 맞기 위해 나왔다. 그들이 웨치기 시작했다.《호산나! 주의 이름으로 오시는 분이 찬양 받으시라! 이스라엘의 왕이 찬양 받으시라!》

14 기록된 것과 같이, 예수님은 어린 당나귀를 찾아 그 우에 앉으셨다.

15 **"Do not be afraid, people of Zion; look, your king is coming, seated on a donkey's colt!"**

16 (His disciples did not understand these things when they first happened, but when Jesus was glorified, then they remembered that these things were written about him and that these things had happened to him.)

17 So the crowd who had been with him when he called Lazarus out of the tomb and raised him from the dead were continuing to testify about it.

18 Because they had heard that Jesus had performed this miraculous sign, the crowd went out to meet him.

19 Thus the Pharisees said to one another, "You see that you can do nothing. Look, the world has run off after him!"

Seekers

20 Now some Greeks were among those who had gone up to worship at the feast.

21 So these approached Philip, who was from Bethsaida in Galilee, and requested, "Sir, we would like to see Jesus."

22 Philip went and told Andrew, and they both went and told Jesus.

23 Jesus replied, "The time has come for the Son of Man to be glorified.

24 I tell you the solemn truth, unless a kernel of wheat falls

15 《시온의 백성들아, 두려워하지 말라. 보아라, 새끼 당나귀 우에 앉으신 너희 왕이 오신다!》

16 (그분의 제자들은 이 일들이 처음 일어났을 때는 그것들을 리해하지 못했다. 그러나 예수님이 영광을 받으신 후에야, 그들은 이런 것들이 그분에 대해 기록되었다는 것과 이런 일들이 그분에게 일어났다는 것을 생각해 냈다.)

17 그래서 그분이 나사로를 무덤에서 불러내여 죽은 사람들로부터 살리셨을 때 그분과 함께 있었던 군중은 그것에 대해 립증을 계속하고 있었다.

18 그들이 예수님이 이 기적적인 증표를 보여 주셨다는 것을 들었기 때문에, 군중은 그분을 맞으러 나갔다.

19 그러자 바리새인들은 서로 말했다, 《너희가 아무것도 할 수 없는 것을 너희는 안다. 보아라, 세상이 그 사람을 따라갔다!》

찾는 사람들

20 명절에 례배 드리러 올라온 사람들 중에 그리스 사람 몇이 있었다.

21 그래서 이 사람들은 갈릴리 벳새다 출신인 빌립에게 다가가 부탁했다, 《선생님, 우리들은 예수님을 뵙고 싶습니다.》

22 빌립이 가서 안드레에게 말했고, 그들 둘은 가서 예수님에게 말했다.

23 예수님이 대답하셨다, 《사람의 아들이 영광을 받을 때가 왔다.

24 내가 너희에게 확고한 진리를 말한다, 밀 한 알이 땅에 떨어져 죽

into the ground and dies, it remains by itself alone. But if it dies, it produces much grain.

25 The one who loves his life destroys it, and the one who hates his life in this world guards it for eternal life.

26 If anyone wants to serve me, he must follow me, and where I am, my servant will be too. If anyone serves me, the Father will honor him.

27 "Now my soul is greatly distressed. And what should I say? 'Father, deliver me from this hour'? No, but for this very reason I have come to this hour.

28 Father, glorify your name." Then a voice came from heaven, "I have glorified it, and I will glorify it again."

29 The crowd that stood there and heard the voice said that it had thundered. Others said that an angel had spoken to him.

30 Jesus said, "This voice has not come for my benefit but for yours.

31 Now is the judgment of this world; now the ruler of this world will be driven out.

32 And I, when I am lifted up from the earth, will draw all people to myself."

33 (Now he said this to indicate clearly what kind of death he was going to die.)

지 않으면, 그것은 그대로 남아 있다. 그러나 그것이 죽으면, 그것은 많은 열매를 맺는다.

25 자기 목숨을 사랑하는 사람은 그것을 망가뜨리지만, 이 세상에서 자기 목숨을 미워하는 사람은 영원한 생명을 위해 그것을 지킨다.

26 누구든지 나를 섬기려면, 그는 나를 따라야 한다, 그리고 내가 있는 곳에, 나를 섬기는 사람도 있을 것이다. 누군가 나를 섬기면, 아버지께서 그를 높이실 것이다.

27 《지금 제 마음이 매우 괴롭습니다. 제가 무슨 말을 해야 하겠습니까? 〈아버지, 이 시간으로부터 저를 구출해 주십시오〉? 아닙니다, 그러나 바로 이 리유로 제가 이때에 왔습니다.

28 아버지시여, 아버지의 이름을 영광되게 하십시오.》 그때 하늘로부터 한 목소리가 내려왔다, 《내가 그것을 영광되게 하였다, 그리고 다시 그것을 영광되게 할 것이다.》

29 거기에 서서 그 목소리를 들었던 군중은 우뢰가 쳤다고 말했다. 다른 사람들은 천사가 그분에게 이야기했다고 말했다.

30 예수님이 말씀하셨다, 《이 목소리는 나의 리익을 위해서가 아니라 너희의 리익을 위해서 왔다.

31 지금은 이 세상의 심판의 때다. 이제 이 세상의 통치자가 쫓겨날 것이다.

32 그리고 나는, 이 땅에서 내가 들려 올려지는 때, 모든 사람을 나 자신에게로 이끌 것이다.》

33 (그분은 자신이 어떤 식의 죽음으로 죽을 것인지를 명백히 알려 주기 위해 이 말씀을 하셨다.)

34 Then the crowd responded, "We have heard from the law that the *Christ will remain forever*. How can you say, 'The Son of Man must be lifted up'? Who is this Son of Man?"

35 Jesus replied, "The light is with you for a little while longer. Walk while you have the light, so that the darkness may not overtake you. The one who walks in the darkness does not know where he is going.

36 While you have the light, believe in the light, so that you may become sons of light." When Jesus had said these things, he went away and hid himself from them.

The Outcome of Jesus' Public Ministry Foretold

37 Although Jesus had performed so many miraculous signs before them, they still refused to believe in him,

38 so that the word of Isaiah the prophet would be fulfilled. He said, **"Lord, who has believed our message, and to whom has the arm of the Lord been revealed?"**

39 For this reason they could not believe, because again Isaiah said,

40 **"He has blinded their eyes and hardened their heart, so that they would not see with their eyes and understand with their heart, and turn to me, and I would heal them."**

41 Isaiah said these things because he saw Christ's glory, and spoke about him.

34 그러자 군중이 대답했다, 《우리는 률법에서 그리스도가 영원히 살아남을 것이라고 들었습니다. 당신이 어떻게 〈사람의 아들이 들려져야만 한다〉고 말씀하십니까? 이 사람의 아들이 누구입니까?》

35 예수님이 대답하셨다, 《빛이 잠시만 더 너희와 함께 있다. 어둠이 너희를 덮치지 못하도록, 너희에게 빛이 있을 때 걸어라. 어둠 속에서 걷는 사람은 자기가 어디로 가고 있는지 알지 못한다.

36 너희에게 빛이 있는 동안에 그 빛을 믿으라, 그리하면 너희는 빛의 아들들이 될 것이다.》 예수님이 이런 것들을 말씀하신 후, 그분은 그들로부터 떠나 몸을 숨기셨다.

예고된 예수님의 공개 활동의 결과

37 예수님이 수많은 기적적인 증표들을 그들 앞에 보여 주셨지만, 그들은 여전히 그분을 믿기 거부했다,

38 그리하여 예언자 이사야의 말씀이 이루어졌다. 그는 말했다, 《주님, 누가 우리의 전하는 말을 믿었고, 누구에게 주님의 능력이 나타났습니까?》

39 이러한 리유로 그들은 믿을 수 없었다, 이사야가 다시 말했기 때문이다.

40 《그분은 그들의 눈을 멀게 하셨고 그들의 마음을 굳어지게 하셨다, 그래서 그들이 자기들의 눈으로 보지 못하고, 자기들의 마음으로 리해하지 못하며, 내게 돌아와서 내가 그들을 고치지 못하도록 하기 위해서였다.》

41 이사야가 그리스도의 영광을 보았기 때문에 그는 이런 것들을 말하였고, 그분에 대해 이야기했다.

42 Nevertheless, even among the rulers many believed in him, but because of the Pharisees they would not confess Jesus to be the Christ, so that they would not be put out of the synagogue.

43 For they loved praise from men more than praise from God.

Jesus' Final Public Words

44 But Jesus shouted out, "The one who believes in me does not believe in me, but in the one who sent me,

45 and the one who sees me sees the one who sent me.

46 I have come as a light into the world, so that everyone who believes in me should not remain in darkness.

47 If anyone hears my words and does not obey them, I do not judge him. For I have not come to judge the world, but to save the world.

48 The one who rejects me and does not accept my words has a judge; the word I have spoken will judge him at the last day.

49 For I have not spoken from my own authority, but the Father himself who sent me has commanded me what I should say and what I should speak.

50 And I know that his commandment is eternal life. Thus the things I say, I say just as the Father has told me."

42 그럼에도 불구하고, 지어 통치자들 중 많은 사람들이 그분을 믿었다, 그러나 바리새파 사람들 때문에 그들이 군중회관에서 쫓겨나지 않기 위해, 그들은 예수님을 그리스도라고 고백하지 못했다.

43 왜냐하면 그들은 하나님으로부터 오는 칭찬보다 사람들로부터 오는 칭찬을 더 좋아했기 때문이였다.

예수님의 마지막 공개 발언

44 그러나 예수님은 웨치셨다,《나를 믿는 사람은 나를 믿는 것이 아니라, 나를 보내신 분을 믿는 것이다,

45 그리고 나를 보는 사람은 나를 보내신 분을 보는 것이다.

46 나는 빛으로 세상에 왔다, 그리하여 나를 믿는 모든 사람들은 어둠 속에 머물지 않을 것이다.

47 만일 누군가 내 말을 듣고 그것들을 따르지 않는다 해도, 나는 그를 심판하지 않는다. 왜냐하면 나는 세상을 심판하러 온 것이 아니라, 세상을 구원하러 왔기 때문이다.

48 나를 거부하고 내 말을 받아들이지 않는 사람에게는 심판관이 있다. 내가 한 말이 마지막 날에 그를 심판할 것이다.

49 왜냐하면 나는 내 자신의 권위로 말한 것이 아니라, 나를 보내신 아버지께서 친히 내가 말해야 할 것과 이야기해야 할 것을 나에게 명령하셨기 때문이다.

50 그리고 나는 그분의 명령이 영원한 생명이라는 것을 안다. 그래서 내가 말하는 것들은, 아버지께서 나에게 말씀하셨던 것과 꼭같이 나는 말한다.》

13

Washing the Disciples' Feet

1 Just before the Passover feast, Jesus knew that his time had come to depart from this world to the Father. Having loved his own who were in the world, he now loved them to the very end.

2 The evening meal was in progress, and the devil had already put into the heart of Judas Iscariot, Simon's son, that he should betray Jesus.

3 Because Jesus knew that the Father had handed all things over to him, and that he had come from God and was going back to God,

4 he got up from the meal, removed his outer clothes, took a towel and tied it around himself.

5 He poured water into the washbasin and began to wash the disciples' feet and to dry them with the towel he had wrapped around himself.

6 Then he came to Simon Peter. Peter said to him, "Lord, are you going to wash my feet?"

7 Jesus replied, "You do not understand what I am doing now, but you will understand after these things."

8 Peter said to him, "You will never wash my feet!" Jesus replied, "If I do not wash you, you have no share with me."

13

제자들의 발을 씻어 주심

1 건너뜀 명절 직전에, 예수님은 이 세상을 떠나 아버지께로 갈 자기 때가 온 것을 아셨다. 이 세상에 있던 자기 사람들을 사랑하셨는데, 그분은 끝까지 그들을 사랑하셨다.

2 저녁식사가 한창이였다. 그런데 악마가 이미 시몬의 아들 가룟 유다의 마음속에 그가 예수님을 배반해야겠다는 생각을 넣어 주었다.

3 왜냐하면 예수님은 아버지가 자기에게 모든 것을 넘겨주셨다는 것과, 자기가 하나님으로부터 와서 하나님께로 돌아갈 것이라는 것을 아셨기 때문이었다.

4 그분은 식사 자리에서 일어나, 자기 겉옷을 벗고, 수건을 가져다가 그것을 그 자신 둘레에 동여매셨다.

5 그분은 세수대야에 물을 부으셨다, 그리고 제자들의 발들을 씻어 주고 그분이 그 자신에 둘렀던 수건으로 그것들을 닦아 주기 시작하셨다.

6 그러고는 그분은 시몬 베드로에게 가셨다. 베드로가 그분께 말했다, 《주님, 당신이 제 발을 씻어 주시렵니까?》

7 예수님이 대답하셨다, 《너희는 내가 하고 있는 것을 지금은 리해하지 못하지만, 이런 일들 후에는 리해할 것이다.》

8 베드로가 그분에게 말했다, 《당신은 절대로 제 발을 씻지 못하십니다!》 예수님이 대답하셨다, 《내가 너를 씻어 주지 않는다면, 너는 나와 나눌 것이 없다.》

9 Simon Peter said to him, "Lord, wash not only my feet, but also my hands and my head!"

10 Jesus replied, "The one who has bathed needs only to wash his feet, but is completely clean. And you disciples are clean, but not every one of you."

11 (For Jesus knew the one who was going to betray him. For this reason he said, "Not every one of you is clean.")

12 So when Jesus had washed their feet and put his outer clothing back on, he took his place at the table again and said to them, "Do you understand what I have done for you?

13 You call me 'Teacher' and 'Lord,' and do so correctly, for that is what I am.

14 If I then, your Lord and Teacher, have washed your feet, you too ought to wash one another's feet.

15 For I have given you an example – you should do just as I have done for you.

16 I tell you the solemn truth, the slave is not greater than his master, nor is the one who is sent as a messenger greater than the one who sent him.

17 If you understand these things, you will be blessed if you do them.

The Announcement of Jesus' Betrayal

18 "What I am saying does not refer to all of you. I know the

9 시몬 베드로가 그분에게 말했다, 《주님, 저의 발뿐만 아니라, 저의 량손과 머리도 씻어 주십시오!》

10 예수님이 대답하셨다, 《목욕을 한 사람은 자기 발만 씻으면 되는데, 전적으로 깨끗하다. 그리하여 너희 제자들은 깨끗하다, 그러나 너희 모두 다는 아니다.》

11 (왜냐하면 예수님은 누가 그분을 배반할 것인지 아셨기 때문이었다. 이런 리유로 그분은, 《너희 모두가 다 깨끗한 것은 아니다》라고 말씀하셨다.)

12 그래서 예수님이 그들의 발을 씻어 주고 겉옷을 도로 입으신 다음, 그분은 다시 식탁 자기 자리에 앉으셔서 그들에게 말씀하셨다, 《너희는 내가 너희를 위해서 했던 일을 리해하느냐?》

13 너희는 나를 〈선생님〉이나 〈주님〉이라고 부른다, 그리고 그렇게 하는 것이 옳다, 왜냐하면 그 사람이 나이기 때문이다.

14 너희의 주인이며 선생인 내가 너희의 발을 씻어 주었으니, 너희도 서로의 발을 씻어 주어야 한다.

15 내가 너희에게 본보기를 보였으므로, 너희도 내가 너희에게 했던 바로 그대로 해야 한다.

16 내가 너희에게 확고한 진리를 말한다, 종은 자기 주인보다 높지 못하고, 심부름군으로 파견된 사람은 그를 파견한 사람보다 높지 못하다.

17 너희가 이런 것을 리해하고 그것을 실행한다면, 너희는 복을 받을 것이다.

예수님에 대한 배반 알림

18 《내가 하는 말이 너희 모두를 두고 하는 말은 아니다. 나는 내가

ones I have chosen. But this is to fulfill the scripture, *'The one who eats my bread has turned against me.'*

19 I am telling you this now, before it happens, so that when it happens you may believe that I am he.

20 I tell you the solemn truth, whoever accepts the one I send accepts me, and whoever accepts me accepts the one who sent me."

21 When he had said these things, Jesus was greatly distressed in spirit, and testified, "I tell you the solemn truth, one of you will betray me."

22 The disciples began to look at one another, worried and perplexed to know which of them he was talking about.

23 One of his disciples, the one Jesus loved, was at the table to the right of Jesus in a place of honor.

24 So Simon Peter gestured to this disciple to ask Jesus who it was he was referring to.

25 Then the disciple whom Jesus loved leaned back against Jesus' chest and asked him, "Lord, who is it?"

26 Jesus replied, "It is the one to whom I will give this piece of bread after I have dipped it in the dish." Then he dipped the piece of bread in the dish and gave it to Judas Iscariot, Simon's son.

27 And after Judas took the piece of bread, Satan entered into him. Jesus said to him, "What you are about to do, do quickly."

뽑은 사람들을 알고 있다. 그러나 이것은 〈내 빵을 먹는 그 사람
이 나를 배반하였다〉라는 하나님의 약속 말씀을 이루기 위해서다.

19 나는 이것을 지금, 그 일이 일어나기 전에, 너희에게 말한다. 그래
야 그 일이 일어날 때 너희는 내가 그라는 것을 믿게 될 것이다.

20 내가 너희에게 확고한 진리를 말한다, 내가 보내는 사람을 받아들
이는 사람은 누구나 나를 받아들이는 것이며, 나를 받아들이는
사람은 누구나 나를 보내신 분을 받아들이는 것이다.》

21 예수님이 이 말씀을 하시고서, 그분은 마음속에서 매우 괴로워하
며 립증하셨다,《내가 너희에게 확고한 진리를 말한다, 너희 중 하
나가 나를 배반할 것이다.》

22 걱정되고 당황한 제자들은 그분이 그들 중 누구에 대해 이야기하
시는지 알기 위해 서로를 쳐다보기 시작했다.

23 예수님이 사랑하신, 그분의 제자들 중 한 사람이 식탁 주빈석 예
수님의 오른쪽에 있었다.

24 그래서 시몬 베드로가 이 제자에게 예수님이 언급하시는 사람이
누구인지를 그분에게 물어보라고 몸짓을 했다.

25 그러자 예수님이 사랑하신 그 제자가 예수님의 가슴에 기대여 그
분에게 물었다,《주님, 그가 누구입니까?》

26 예수님이 대답하셨다,《그는 내가 이 빵 조각을 접시에 찍은 후에
그것을 줄 바로 그 사람이다.》그런 후에 그분은 빵 조각을 접시
에 찍어 그것을 시몬의 아들 가룟 유다에게 주셨다.

27 그리고 유다가 빵 조각을 받은 후에, 악마가 그의 속으로 들어갔
다. 예수님이 그에게 말씀하셨다,《네가 하려는 것을 어서 하여라.》

28 (Now none of those present at the table understood why Jesus said this to Judas.

29 Some thought that, because Judas had the money box, Jesus was telling him to buy whatever they needed for the feast, or to give something to the poor.)

30 Judas took the piece of bread and went out immediately. (Now it was night.)

The Prediction of Peter's Denial

31 When Judas had gone out, Jesus said, "Now the Son of Man is glorified, and God is glorified in him.

32 If God is glorified in him, God will also glorify him in himself, and he will glorify him right away.

33 Children, I am still with you for a little while. You will look for me, and just as I said to the Jewish religious leaders, 'Where I am going you cannot come,' now I tell you the same.

34 "I give you a new commandment – to love one another. Just as I have loved you, you also are to love one another.

35 Everyone will know by this that you are my disciples – if you have love for one another."

36 Simon Peter said to him, "Lord, where are you going?" Jesus replied, "Where I am going, you cannot follow me now, but you will follow later."

28 (식탁에 있던 사람들 중 그 누구도 왜 예수님이 유다에게 이 말씀을 하셨는지 리해하지 못했다.

29 더러는, 유다가 돈궤를 맡고 있었기 때문에, 예수님이 그에게 명절을 위해서 그들에게 필요한 그 무엇을 사라고 말씀하시는 줄로, 혹은 가난한 사람들에게 어떤 것을 갖다 주라고 말씀하시는 줄로 생각했다.)

30 유다는 **빵** 조각을 받고 곧 밖으로 나갔다. (때는 밤이었다.)

베드로의 부인 예견

31 유다가 밖으로 나간 후에, 예수님이 말씀하셨다, 《이제 사람의 아들이 영광을 받고, 하나님께서 그로 하여 영광을 받으신다.

32 만일 하나님께서 그로 하여 영광을 받으시면, 하나님도 자신으로 하여 그를 영광스럽게 하실 것이고, 하나님은 그를 즉시 영광스럽게 하실 것이다.

33 애들아, 내가 아직 잠시 동안 너희와 함께 있다. 너희는 나를 찾을 것이다, 그런데 내가 유태인 종교 지도자들에게 〈내가 가려는 곳에 너희는 오지 못한다〉라고 말한 것처럼, 이제 내가 너희에게도 같은 말을 한다.

34 《내가 너희에게 새로운 명령을 준다 – 서로 사랑하라. 내가 너희를 사랑한 것처럼, 너희도 서로 사랑해야 한다.

35 만일 너희에게 서로를 위한 사랑이 있으면, 누구나 다 이것으로 하여 너희가 내 제자들이라는 것을 알 것이다.》

36 시몬 베드로가 그분에게 말했다, 《주님, 어디로 가십니까?》 예수님이 대답하셨다, 《내가 가는 곳에, 너는 지금 나를 따라올 수 없다, 그러나 네가 나중에는 따라올 것이다.》

37 Peter said to him, "Lord, why can't I follow you now? I will lay down my life for you!"

38 Jesus answered, "Will you lay down your life for me? I tell you the solemn truth, the rooster will not crow until you have denied me three times!

Jesus' Parting Words to His Disciples

1 "Do not let your hearts be distressed. You believe in God; believe also in me.

2 There are many dwelling places in my Father's house. Otherwise, I would have told you, because I am going away to make ready a place for you.

3 And if I go and make ready a place for you, I will come again and take you to be with me, so that where I am you may be too.

4 And you know the way where I am going."

5 Thomas said, "Lord, we don't know where you are going. How can we know the way?"

6 Jesus replied, "I am the way, and the truth, and the life. No one comes to the Father except through me.

7 If you have known me, you will know my Father too. And

37 베드로가 그분에게 말했다.《주님, 제가 왜 지금은 당신을 따라갈 수 없습니까? 저는 당신을 위해 저의 목숨을 바치겠습니다!》

38 예수님이 대답하셨다.《네가 나를 위해 너의 목숨을 바치겠느냐? 내가 너에게 확고한 진리를 말한다, 네가 나를 세 번 부인할 때까지 수탉이 울지 않을 것이다!

자기 제자들에게 하신 예수님의 작별 말씀

1 《너희는 너희 마음이 근심되게 하지 말아라. 너희는 하나님을 믿어라, 또한 나를 믿어라.

2 내 아버지의 집에는 많은 머물 곳이 있다. 그렇지 않다면, 내가 너희에게 말했을 것이다, 왜냐하면 내가 너희를 위한 한 장소를 준비하러 갈 것이기 때문이다.

3 그리고 만일 내가 가서 너희를 위한 한 장소를 마련하면, 나는 다시 돌아와 나와 함께 있도록 너희를 데려갈 것이다, 그래서 내가 있는 곳에 너희도 있게 될 것이다.

4 그리고 너희는 내가 가는 그 길을 안다.》

5 도마가 말했다.《주님, 당신이 어디로 가시는지 우리는 모릅니다. 우리가 어떻게 그 길을 알 수 있습니까?》

6 예수님이 대답하셨다,《내가 길이고, 진리이며, 생명이다. 나를 통하지 않고서는 아버지께로 올 사람이 아무도 없다.

7 너희가 나를 알았더라면, 나의 아버지도 알 것이다. 그리고 이제

from now on you do know him and have seen him."

8 Philip said, "Lord, show us the Father, and we will be content."

9 Jesus replied, "Have I been with you for so long, and you have not known me, Philip? The person who has seen me has seen the Father! How can you say, 'Show us the Father'?

10 Do you not believe that I am in the Father, and the Father is in me? The words that I say to you, I do not speak on my own initiative, but the Father residing in me performs his miraculous deeds.

11 Believe me that I am in the Father, and the Father is in me, but if you do not believe me, believe because of the miraculous deeds themselves.

12 I tell you the solemn truth, the person who believes in me will perform the miraculous deeds that I am doing, and will perform greater deeds than these, because I am going to the Father.

13 And I will do whatever you ask in my name, so that the Father may be glorified in the Son.

14 If you ask me anything in my name, I will do it.

Teaching on the Holy Spirit

15 "If you love me, you will obey my commandments.

부터 너희는 그분을 알고, 그분을 보았다.》

8 빌립이 말했다, 《주님, 우리에게 아버지를 보여 주십시오, 그러면
우리가 만족할 것입니다.》

9 예수님이 대답하셨다, 《내가 그렇게도 오래동안 너희와 함께 있었
는데, 너는 나를 모르느냐, 빌립아? 나를 본 사람은 아버지를 보
았다! 어떻게 네가 〈우리에게 아버지를 보여 주십시오〉라고 말할
수 있느냐?

10 내가 아버지 안에 있고, 아버지께서 내 안에 계시는 것을 너는 믿
지 않느냐? 내가 너희에게 하는 말들은, 내가 내 스스로 말하는
것이 아니라, 내 안에 살고 계시는 아버지께서 그분의 기적적인 일
들을 보이시는 것이다.

11 내가 아버지 안에 있고 아버지께서 내 안에 계신다는 내 말을 믿
어라, 그러나 너희가 내 말을 믿지 못한다면, 기적적인 일들 그것
들 자체만으로도 믿어라.

12 내가 너희에게 확고한 진리를 말한다, 나를 믿는 사람은 내가 하
는 기적적인 일들을 해보일 것이고, 이런 것들보다 더 큰 일들도
해보일 것이다, 왜냐하면 내가 아버지에게로 갈 것이기 때문이다.

13 그리고 나는 너희가 내 이름으로 요구하는 것은 무엇이든 해줄 것
이다, 그래서 아들로 하여 아버지께서 영광을 받으실 것이다.

14 만일 너희가 무엇이든 내 이름으로 요구하면, 나는 수행할 것이다.

성령님에 대해 가르치심

15 《만일 너희가 나를 사랑하면, 너희는 내 명령을 지킬 것이다.

16 Then I will ask the Father, and he will give you another Advocate to be with you forever –

17 the Spirit of truth, whom the world cannot accept, because it does not see him or know him. But you know him, because he resides with you and will be in you.

18 "I will not abandon you as orphans, I will come to you.

19 In a little while the world will not see me any longer, but you will see me; because I live, you will live too.

20 You will know at that time that I am in my Father and you are in me and I am in you.

21 The person who has my commandments and obeys them is the one who loves me. The one who loves me will be loved by my Father, and I will love him and will reveal myself to him."

22 "Lord," Judas (not Judas Iscariot) said, "what has happened that you are going to reveal yourself to us and not to the world?"

23 Jesus replied, "If anyone loves me, he will obey my word, and my Father will love him, and we will come to him and take up residence with him.

24 The person who does not love me does not obey my words. And the word you hear is not mine, but the Father's who sent me.

16 그러면 나는 아버지께 요구할 것이고, 그분은 너희와 영원히 함께 하실 다른 옹호자를 주실 것이다.

17 그분은 세상이 받아들일 수 없는, 진리의 성령님이시다, 왜냐하면 그것은 그분을 보지도 못하고 알지도 못하기 때문이다. 그러나 너희는 그분을 안다, 왜냐하면 그분이 너희와 함께 살고 너희 안에 계실 것이기 때문이다.

18 《나는 너희를 고아들처럼 저버리지 않을 것이다, 내가 너희에게 올 것이다.

19 조금 있으면 세상은 나를 더 이상 보지 못할 것이다, 그러나 너희는 나를 볼 것이다. 왜냐하면 내가 살아 있고, 너희도 살아 있을 것이기 때문이다.

20 그때에 너희는 내가 내 아버지 안에 있고 너희는 내 안에 있으며 나는 너희 안에 있다는 것을 알게 될 것이다.

21 내 명령들을 간직하고 그것들을 지키는 사람은 나를 사랑하는 사람이다. 나를 사랑하는 사람은 나의 아버지에게서 사랑을 받을 것이고, 내가 그를 사랑할 것이며 그에게 나 자신을 나타낼 것이다.》

22 《주님》 유다가(가룟 유다가 아닌) 말했다, 《주님이 우리에게는 당신 자신을 나타내시고 세상에는 나타내지 않으시는 것은 어찌된 일입니까? 》

23 예수님이 대답하셨다, 《만일 누구든지 나를 사랑하면, 그는 내 말을 지킬 것이다, 그리고 나의 아버지는 그를 사랑하실 것이고, 우리는 그분에게 가서 그분과 함께 살 것이다.

24 나를 사랑하지 않는 사람은 나의 말을 지키지 않는다. 그리고 너희가 듣는 이 말은 내 말이 아니라, 나를 보내신 아버지의 말씀이다.

25 "I have spoken these things while staying with you.

26 But the Advocate, the Holy Spirit, whom the Father will send in my name, will teach you everything, and will cause you to remember everything I said to you.

27 "Peace I leave with you; my peace I give to you; I do not give it to you as the world does. Do not let your hearts be distressed or lacking in courage.

28 You heard me say to you, 'I am going away and I am coming back to you.' If you loved me, you would be glad that I am going to the Father, because the Father is greater than I am.

29 I have told you now before it happens, so that when it happens you may believe.

30 I will not speak with you much longer, for the ruler of this world is coming. He has no power over me,

31 but I am doing just what the Father commanded me, so that the world may know that I love the Father. Get up, let us go from here."

The Vine and the Branches

1 "I am the true vine and my Father is the gardener.

25 《나는 너희와 함께 있는 동안에 이런 말들을 하였다.

26 그러나 옹호자, 즉 내 이름으로 아버지께서 보내실 성령님은 너희
에게 모든 것을 가르치실 것이고, 내가 너희에게 말한 모든 것을
생각나게 하실 것이다.

27 《나는 너희에게 평안을 남겨 두고 간다. 나의 평안을 내가 너희에
게 준다. 나는 이것을 세상이 주는 것처럼 너희에게 주지 않는다.
너희 마음이 근심되거나 락심하지 않도록 하라.

28 너희는 〈나는 떠나갔다가 너희에게 돌아올 것이다〉고 내가 너희에
게 말한 것을 들었다. 만일 너희가 나를 사랑한다면, 너희는 내가
아버지께 가는 것을 기뻐할 것이다. 왜냐하면 아버지께서 나보다
더 위대하시기 때문이다.

29 나는 지금 너희에게 이 일이 일어나기 전에 말했다, 그래야 그것이
일어날 때 너희가 믿게 될 것이다.

30 나는 너희와 더 오래 이야기하지 않을 것이다, 왜냐하면 이 세상
의 통치자가 오고 있기 때문이다. 그는 나를 지배하지 못한다,

31 그러나 내가 아버지를 사랑한다는 것을 세상이 알도록 하기 위해,
나는 아버지가 내게 명령하신 바로 그것을 실행할 것이다. 일어나
라, 이곳으로부터 떠나가자.》

15

포도나무와 가지들

1 《나는 참된 포도나무이고 내 아버지는 원예사이다.

2   He takes away every branch that does not bear fruit in me. He prunes every branch that bears fruit so that it will bear more fruit.

3   You are clean already because of the word that I have spoken to you.

4   Remain in me, and I will remain in you. Just as the branch cannot bear fruit by itself, unless it remains in the vine, so neither can you unless you remain in me.

5   "I am the vine; you are the branches. The one who remains in me – and I in him – bears much fruit, because apart from me you can accomplish nothing.

6   If anyone does not remain in me, he is thrown out like a branch, and dries up; and such branches are gathered up and thrown into the fire, and are burned up.

7   If you remain in me and my words remain in you, ask whatever you want, and it will be done for you.

8   My Father is honored by this, that you bear much fruit and show that you are my disciples.

9   "Just as the Father has loved me, I have also loved you; remain in my love.

10 If you obey my commandments, you will remain in my love, just as I have obeyed my Father's commandments and remain in his love.

2 그분은 내 안에서 열매 맺지 못하는 모든 가지를 잘라 내신다. 그분은 그것이 더 많은 열매를 맺도록 열매 맺는 모든 가지를 다듬으신다.

3 너희는 내가 너희에게 이야기했던 말로 하여 이미 깨끗하다.

4 내 안에 머물러라, 그러면 나도 너희 안에 머무를 것이다. 가지가 포도나무에 붙어 있지 않고는 그것이 스스로 열매를 맺을 수 없는 것과 같이, 너희가 내 안에 머무르지 않고서는 너희도 열매를 맺을 수 없다.

5 《나는 포도나무다, 너희는 가지다. 내 안에 머무르는 사람 ─ 그리고 그 안에 내가 머무르는 사람 ─ 은 많은 열매를 맺는다, 왜냐하면 나를 떠나서 너희는 아무것도 이룰 수 없기 때문이다.

6 누구든지 내 안에 머무르지 않으면, 그 사람은 가지처럼 내던져지고, 말라 버린다. 그리고 그런 가지들은 한데 모아지고 불에 던져져 다 태워진다.

7 만일 너희가 내 안에 머무르고 내 말들이 너희 안에 머무르면, 너희가 원하는 것은 무엇이든지 요구하라, 그러면 그것이 너희를 위하여 이루어질 것이다.

8 너희가 많은 열매를 맺고, 너희가 내 제자들이라는 것을 나타내는 이것으로 내 아버지께서는 영광을 받으신다.

9 《아버지께서 나를 사랑하셨던 것과 같이, 나도 너희를 사랑하였다. 내 사랑 안에 머물러라.

10 내가 나의 아버지의 명령들을 지키고 그분의 사랑 안에 머무르는 것처럼, 너희가 내 명령들을 지키면, 너희는 내 사랑 안에 머무를 것이다.

11 I have told you these things so that my joy may be in you, and your joy may be complete.

12 My commandment is this – to love one another just as I have loved you.

13 No one has greater love than this – that one lays down his life for his friends.

14 You are my friends if you do what I command you.

15 I no longer call you slaves, because the slave does not understand what his master is doing. But I have called you friends, because I have revealed to you everything I heard from my Father.

16 You did not choose me, but I chose you and appointed you to go and bear fruit, fruit that remains, so that whatever you ask the Father in my name he will give you.

17 This I command you – to love one another.

The World's Hatred

18 "If the world hates you, be aware that it hated me first.

19 If you belonged to the world, the world would love you as its own. However, because you do not belong to the world, but I chose you out of the world, for this reason the world hates you.

11 내가 너희에게 이 말을 한 것은, 내 기쁨이 너희 안에 있게 하고, 너희의 기쁨이 온전하게 되기 위해서이다.

12 나의 명령들은 이것이다 – 내가 너희를 사랑한 것처럼 서로 사랑하라.

13 이것보다 더 큰 사랑을 가진 사람은 아무도 없다 – 사람이 자기 벗들을 위해 자기 목숨을 바친다.

14 만약 너희가 내가 너희에게 명령한 것을 실행하면 너희는 내 벗들이다.

15 내가 더 이상 너희를 종들이라고 부르지 않는다, 왜냐하면 종은 자기 주인이 하는 것을 알지 못하기 때문이다. 그러나 나는 너희를 벗이라고 불렀다, 왜냐하면 내가 나의 아버지로부터 들은 모든 것을 내가 너희에게 드러내 보였기 때문이다.

16 너희가 나를 선택한 것이 아니라, 내가 너희를 선택하였고, 가서 열매, 즉 계속 남아 있을 열매를 맺도록 너희를 내세웠다, 그래서 너희가 나의 이름으로 아버지에게 요구하는 무엇이든지 그분이 너희에게 주실 것이다.

17 이것을 내가 너희에게 명령한다 – 서로 사랑하여라.

세상의 증오

18 《만일 세상이 너희를 증오한다면, 그것이 나를 먼저 증오했다는 것을 알아라.

19 만일 너희가 세상에 속하였다면, 세상은 너희를 자기 것처럼 사랑했을 것이다. 그러나, 너희가 세상에 속하지 않고, 내가 너희를 세상으로부터 선택했기 때문에, 이러한 리유로 세상은 너희를 증오한다.

20 Remember what I told you, 'A slave is not greater than his master.' If they persecuted me, they will also persecute you. If they obeyed my word, they will obey yours too.

21 But they will do all these things to you on account of my name, because they do not know the one who sent me.

22 If I had not come and spoken to them, they would not be guilty of sin. But they no longer have any excuse for their sin.

23 The one who hates me hates my Father too.

24 If I had not performed among them the miraculous deeds that no one else did, they would not be guilty of sin. But now they have seen the deeds and have hated both me and my Father.

25 Now this happened to fulfill the word that is written in their law, **'They hated me without reason.'**

26 When the Advocate comes, whom I will send you from the Father – the Spirit of truth who goes out from the Father – he will testify about me,

27 and you also will testify, because you have been with me from the beginning.

20 내가 너희에게 한 말을 기억하라, 〈종은 자기 주인보다 높지 않다.〉 만일 그들이 나를 박해한다면, 그들은 너희도 박해할 것이다. 만일 그들이 내 말을 따른다면, 그들은 너희의 말도 따를 것이다.

21 그러나 그들은 내 이름 때문에 이 모든 일들을 너희에게 할 것이다, 왜냐하면 그들이 나를 보내신 분을 모르기 때문이다.

22 만일 내가 그들에게 와서 말하지 않았더라면, 그들에게는 죄가 없을 것이다. 그러나 그들에게 더 이상은 그들의 죄에 대한 어떠한 변명도 없다.

23 나를 증오하는 사람은 내 아버지도 증오한다.

24 만일 내가 그 어느 누구도 하지 않은 기적적인 일들을 그들 가운데서 보여 주지 않았더라면, 그들은 죄가 없었을 것이다. 그러나 이제 그들은 그 일들을 보았는데 나와 내 아버지 둘 다 증오하였다.

25 이것은 그들의 률법에 〈그들이 리유없이 나를 증오했다〉고 기록된 말씀을 이루기 위해 일어났다.

26 내가 아버지로부터 너희에게 보낼 옹호자 – 아버지로부터 오시는 진리의 성령님 – 가 오시면 그분이 나에 대해 립증하실 것이다,

27 그리고 너희도 립증할 것이다, 왜냐하면 너희는 처음부터 나와 함께 있었기 때문이다.

1 "I have told you all these things so that you will not fall away.

2 They will put you out of the synagogue, yet a time is coming when the one who kills you will think he is offering service to God.

3 They will do these things because they have not known the Father or me.

4 But I have told you these things so that when their time comes, you will remember that I told you about them. "I did not tell you these things from the beginning because I was with you.

5 But now I am going to the one who sent me, and not one of you is asking me, 'Where are you going?'

6 Instead your hearts are filled with sadness because I have said these things to you.

7 But I tell you the truth, it is to your advantage that I am going away. For if I do not go away, the Advocate will not come to you, but if I go, I will send him to you.

8 And when he comes, he will prove the world wrong concerning sin and righteousness and judgment –

1 《나는 너희가 약해지지 않도록 너희에게 이러한 모든 것들을 말했다.

2 그들이 너희를 군중회관에서 쫓아낼 것이다. 그럼에도 불구하고 너희를 죽이는 사람은 자기가 하나님을 섬기고 있다고 생각할 때가 올 것이다.

3 그들이 이런 일들을 할 것이다 왜냐하면 그들은 아버지나 나를 알지 못했기 때문이다.

4 그러나 나는 그들의 때가 올 때, 내가 그들에 대해 너희에게 이야기했던 것을 너희가 기억하도록, 너희에게 이런 일들을 이야기했다.《나는 너희에게 이런 것들을 처음부터 이야기하지 않았다, 왜냐하면 내가 너희와 함께 있었기 때문이다.

5 그러나 이제 나는 나를 보내신 분에게 갈 것이다, 그런데 너희 중에 아무도 나에게 〈당신이 어디로 가십니까?〉라고 묻지 않는다.

6 그 대신에 너희의 마음이 슬픔으로 가득 차 있다, 왜냐하면 내가 너희에게 이런 일들을 말했기 때문이다.

7 그러나 내가 너희에게 진리를 말한다, 내가 떠나가는 것이 너희의 유익이다. 왜냐하면 내가 떠나가지 않으면, 옹호자가 너희에게 오시지 않을 것이나, 내가 가면, 나는 너희에게 그분을 보낼 것이기 때문이다.

8 그리고 그분이 오시면, 그분은 죄와 정의와 심판에 대해 세상이 틀린 것을 판명하실 것이다.

9 concerning sin, because they do not believe in me;

10 concerning righteousness, because I am going to the Father and you will see me no longer;

11 and concerning judgment, because the ruler of this world has been condemned.

12 "I have many more things to say to you, but you cannot bear them now.

13 But when he, the Spirit of truth, comes, he will guide you into all truth. For he will not speak on his own authority, but will speak whatever he hears, and will tell you what is to come.

14 He will glorify me, because he will receive from me what is mine and will tell it to you.

15 Everything that the Father has is mine; that is why I said the Spirit will receive from me what is mine and will tell it to you.

16 In a little while you will see me no longer; again after a little while, you will see me."

17 Then some of his disciples said to one another, "What is the meaning of what he is saying, 'In a little while you will not see me; again after a little while, you will see me,' and, 'because I am going to the Father'?"

18 So they kept on repeating, "What is the meaning of what he says, 'In a little while'? We do not understand what he is

9 죄에 대해서는, 그들이 나를 믿지 않기 때문이고,

10 정의에 대해서는, 내가 아버지께 가므로 너희가 더 이상 나를 보지 못할 것이기 때문이며,

11 심판에 대해서는, 이 세상의 통치자가 판결받았기 때문이다.

12 《내게는 너희에게 말할 더 많은 것들이 있으나, 지금 너희는 그것들을 감당할 수 없다.

13 그러나 그분, 곧 진리의 성령님이 오시면, 그분이 너희를 모든 진리 가운데로 안내하실 것이다. 왜냐하면 그분은 자기 자신의 권위로 말씀하지 않고, 무엇이든 그분이 들은 것을 말씀할 것이며, 앞으로 다가올 일을 너희에게 말씀하실 것이기 때문이다.

14 그분이 나를 영광스럽게 하실 것이다, 왜냐하면 그분은 내 것을 나에게서 받아 가지고 그것을 너희에게 말씀하실 것이기 때문이다.

15 아버지가 가지고 계시는 것은 모두 내 것이다. 그것이 성령님이 내 것을 나에게서 받아 가지고 그것을 너희에게 말씀하실 것이다라고 내가 말한 리유이다.

16 잠시 후면 너희가 나를 더 이상 보지 못할 것이고, 다시 잠시 후에, 너희는 나를 볼 것이다.》

17 그러자 그의 제자들 중 몇 사람이 서로에게 말했다, 《그분이 〈잠시 후면 너희가 나를 보지 못할 것이고, 다시 잠시 후에, 너희는 나를 볼 것이다,〉 그리고 〈왜냐하면 내가 아버지께 갈 것이기 때문이다〉라고 하시는 말씀이 무슨 뜻일까?》

18 그래서 그들은 거듭 말했다, 《그분이 〈잠시 후면〉이라고 말씀하시는 것이 무슨 뜻인가? 그분이 무엇에 대해 말씀하시는지 우리는

talking about."

19 Jesus could see that they wanted to ask him about these things, so he said to them, "Are you asking each other about this – that I said, 'In a little while you will not see me; again after a little while, you will see me'?

20 I tell you the solemn truth, you will weep and wail, but the world will rejoice; you will be sad, but your sadness will turn into joy.

21 When a woman gives birth, she has distress because her time has come, but when her child is born, she no longer remembers the suffering because of her joy that a human being has been born into the world.

22 So also you have sorrow now, but *I will see you again, and your hearts will rejoice, and no one will take your joy away from you.*

23 At that time you will ask me nothing. I tell you the solemn truth, whatever you ask the Father in my name he will give you.

24 Until now you have not asked for anything in my name. Ask and you will receive it, so that your joy may be complete.

25 "I have told you these things in obscure figures of speech; a time is coming when I will no longer speak to you in obscure figures, but will tell you plainly about the Father.

26 At that time you will ask in my name, and I do not say that I

리해할 수 없다》

19 예수님은 그들이 자기에게 이러한 것들에 대하여 물어보고 싶어
한다는 것을 아셨다, 그래서 그분이 그들에게 말씀하셨다, 《내가
〈잠시 후면 너희가 나를 보지 못할 것이고, 다시 잠시 후에 너희는
나를 볼 것이다〉라고 말한 것에 대하여 너희가 서로 묻고 있느냐?

20 내가 너희에게 확고한 진리를 말한다, 너희는 눈물을 흘리고 애통
해 하겠지만, 세상은 기뻐할 것이다. 너희는 슬퍼하겠지만, 너희의
슬픔은 기쁨으로 바뀔 것이다.

21 녀자가 해산할 때, 그 녀자에게 고통이 있다 왜냐하면 그 녀자의
때가 다가왔기 때문이다, 그러나 자기 애기가 태여나면, 한 인간
이 세상에 태여났다는 자기 기쁨 때문에, 그 녀자는 더 이상 고통
을 기억하지 않는다.

22 그래서 지금은 너희에게도 슬픔이 있겠지만, 나는 너희를 다시 볼
것이다, 그러면 너희의 마음이 기쁠 것이고, 그 누구도 너희에게
서 너희의 기쁨을 빼앗아 가지 못할 것이다.

23 그때에는 너희가 나에게 아무것도 요구하지 않을 것이다. 나는 너
희에게 확고한 진리를 말한다, 너희가 내 이름으로 아버지께 요구
하는 것은 무엇이든지 그분께서 너희에게 주실 것이다.

24 지금까지는 너희가 내 이름으로 아무것도 요구하지 않았다. 요구
하라 그러면 너희들은 그것을 받을 것이다, 그래서 너희들의 기쁨
은 충만하게 될 것이다.

25 《나는 너희에게 이런 것들을 애매한 투의 말로 이야기했다. 내가
더 이상은 너희에게 애매한 투로 말하지 않고, 너희에게 아버지에
대해서 명백하게 말할 때가 올 것이다.》

26 그때에는 너희가 나의 이름으로 요구할 것이다, 그리하여 나는 내

will ask the Father on your behalf.

27 For the Father himself loves you, because you have loved me and have believed that I came from God.

28 I came from the Father and entered into the world, but in turn, I am leaving the world and going back to the Father."

29 His disciples said, "Look, now you are speaking plainly and not in obscure figures of speech!

30 Now we know that you know everything and do not need anyone to ask you anything. Because of this we believe that you have come from God."

31 Jesus replied, "Do you now believe?

32 Look, a time is coming – and has come – when you will be scattered, each one to his own home, and I will be left alone. Yet I am not alone, because my Father is with me.

33 I have told you these things so that in me you may have peace. In the world you have trouble and suffering, but take courage – I have conquered the world."

Jesus Prays for the Father to Glorify Him

1 When Jesus had finished saying these things, he looked

가 너희를 대신해서 아버지께 요구할 것이라고 말하지 않는다.

27 아버지께서 친히 너희를 사랑하시기 때문이다, 왜냐하면 너희가 나를 사랑하고 내가 하나님으로부터 왔다는 것을 믿었기 때문이다.

28 내가 아버지께로부터 와서 세상에 들어왔으나 순차대로, 내가 세상을 떠나 아버지께로 돌아간다.》

29 그의 제자들이 말했다,《보십시오, 이제 당신은 애매한 투의 말이 아니라 명백하게 말씀하고 계십니다!》

30 이제 우리는 당신이 모든 것을 아신다는 것과 당신은 당신에게 무언가를 물어볼 누구도 필요하지 않다는 것을 압니다. 이것으로 하여 우리는 주님이 하나님으로부터 오셨다는 것을 믿습니다.》

31 예수님이 대답하셨다,《너희가 이제 믿느냐?

32 보아라, 너희가 각자 자기 집으로 산산이 흩어지고, 나만 홀로 남겨질 그때가 올 것이다 – 그런데 이미 왔다 – 그러나 나는 혼자가 아니다, 왜냐하면 아버지께서 나와 함께 계시기 때문이다.

33 내 안에서 너희가 평안을 얻도록 하기 위해 나는 너희에게 이런 것들을 말했다. 세상에서 너희에게 어려움과 고통이 있지만, 용기를 내라, 내가 세상을 이기었다.》

예수님이 아버지께 자신을 영광스럽게 해달라고 기도하시다

1 예수님이 이런 것들을 말씀하기를 마치시고, 그분은 웃쪽으로 하

upward to heaven and said, "Father, the time has come. Glorify your Son, so that your Son may glorify you –

2 just as you have given him authority over all humanity, so that he may give eternal life to everyone you have given him.

3 Now this is eternal life – that they know you, the only true God, and Jesus Christ, whom you sent.

4 I glorified you on earth by completing the work you gave me to do.

5 And now, Father, glorify me at your side with the glory I had with you before the world was created.

Jesus Prays for the Disciples

6 "I have revealed your name to the men you gave me out of the world. They belonged to you, and you gave them to me, and they have obeyed your word.

7 Now they understand that everything you have given me comes from you,

8 because I have given them the words you have given me. They accepted them and really understand that I came from you, and they believed that you sent me.

9 I am praying on behalf of them. I am not praying on behalf of the world, but on behalf of those you have given me,

늘을 바라보며 말씀하셨다, 《아버지, 때가 왔습니다. 당신의 아들이 당신께 영광을 드릴 수 있도록 당신의 아들을 영광스럽게 해주십시오.

2 이것은 당신께서 그에게 주신 모든 사람에게 그가 영원한 생명을 줄 수 있도록, 당신께서 전 인류에 대한 권한을 그에게 주신 것과 같습니다.

3 이것이 영원한 생명입니다 – 그들이 유일한 참된 하나님이신 당신과 당신이 보내신 예수 그리스도를 아는 것입니다.

4 저는 당신께서 저에게 하라고 주신 일을 완성함으로써 이 세상에서 당신을 영광스럽게 하였습니다.

5 이제는, 아버지, 세상이 창조되기 전에 제가 당신과 함께 가졌던 그 영광으로써 당신 곁에 있는 저를 영광스럽게 해주십시오.

예수님이 제자들을 위해 기도하시다

6 《저는 당신께서 세상 가운데서 저에게 주신 사람들에게 아버지의 이름을 드러내 보였습니다. 그들은 당신의 소유이고, 당신은 그들을 저에게 주셨습니다, 그리고 그들은 아버지의 말씀을 지켰습니다.

7 이제 그들은 당신께서 저에게 주셨던 모든 것이 당신으로부터 온 것임을 압니다,

8 왜냐하면 당신께서 저에게 주셨던 말씀들을 제가 그들에게 주었기 때문입니다. 그들은 그것들을 받아들였고, 제가 당신으로부터 왔다는 것을 정말 깨달았습니다, 그리고 그들은 당신께서 저를 보내셨다는 것을 믿었습니다.

9 저는 그들을 위해서 기도하고 있습니다. 저는 세상이 아니라, 당신께서 저에게 주신 사람들을 위해서 기도하고 있습니다, 왜냐하

because they belong to you.

10 Everything I have belongs to you, and everything you have belongs to me, and I have been glorified by them.

11 I am no longer in the world, but they are in the world, and I am coming to you. Holy Father, keep them safe in your name that you have given me, so that they may be one just as we are one.

12 When I was with them I kept them safe and watched over them in your name that you have given me. Not one of them was lost except the one destined for destruction, so that the scripture could be fulfilled.

13 But now I am coming to you, and I am saying these things in the world, so they may experience my joy completed in themselves.

14 I have given them your word, and the world has hated them, because they do not belong to the world, just as I do not belong to the world.

15 I am not asking you to take them out of the world, but that you keep them safe from the evil one.

16 They do not belong to the world just as I do not belong to the world.

17 Set them apart in the truth; your word is truth.

18 Just as you sent me into the world, so I sent them into the

면 그들은 당신의 소유이기 때문입니다.

10 제가 가진 모든 것이 당신의 소유이며, 당신께서 가지신 모든 것은 저의 소유입니다, 그리고 저는 그들로 하여 영광을 받았습니다.

11 저는 더 이상 세상에 있지 않지만, 그들은 세상에 있습니다, 그리고 저는 당신께로 갑니다. 거룩하신 아버지, 당신께서 제게 주신 당신의 이름으로 그들을 안전하게 지켜 주셔서, 우리가 하나인 것처럼 그들도 하나가 되게 하여 주십시오.

12 제가 그들과 함께 있었을 때, 저는 당신께서 제게 주신 당신의 이름으로 그들을 안전하게 지켰고 그들을 돌보았습니다. 멸망할 운명이였던 한 사람을 빼놓고는 그들 중 아무도 상실되지 않았습니다, 그것은 하나님의 약속 말씀이 이루어지기 위해서였습니다.

13 그러나 지금 저는 당신께로 갑니다, 그리고 제가 이 세상에서 이런 것들을 말하는 것은, 그들이 자기 자신들 속에서 충만된 저의 기쁨을 체험하도록 하기 위해서입니다.

14 제가 그들에게 당신의 말씀을 주었는데, 세상이 그들을 증오했습니다, 왜냐하면 제가 세상에 속하지 않은 것과 같이 그들도 세상에 속하지 않기 때문입니다.

15 저는 당신께 그들을 세상으로부터 데려가 달라는 게 아니라, 당신께서 악한자로부터 그들을 무사히 지켜 달라고 부탁하고 있는 것입니다.

16 제가 세상에 속하지 않은 것처럼 그들도 세상에 속하지 않습니다.

17 진리로 그들을 따로 떼여 놓아 주십시오. 당신의 말씀은 진리입니다.

18 당신께서 저를 세상 속으로 보내셨던 것처럼, 그렇게 저도 그들을

world.

19 And I set myself apart on their behalf, so that they too may be truly set apart.

Jesus Prays for Believers Everywhere

20 "I am not praying only on their behalf, but also on behalf of those who believe in me through their testimony,

21 that they will all be one, just as you, Father, are in me and I am in you. I pray that they will be in us, so that the world will believe that you sent me.

22 The glory you gave to me I have given to them, that they may be one just as we are one –

23 I in them and you in me – that they may be completely one, so that the world will know that you sent me, and you have loved them just as you have loved me.

24 "Father, I want those you have given me to be with me where I am, so that they can see my glory that you gave me because you loved me before the creation of the world.

25 Righteous Father, even if the world does not know you, I know you, and these men know that you sent me.

26 I made known your name to them, and I will continue to

세상 속으로 보냈습니다.

19 그리고 저는 그들을 위해 나 자신을 따로 떼여 놓습니다, 그것은 그들도 진짜로 따로 떼여지게 하기 위해서입니다.

예수님이 모든 곳의 믿는 사람들을 위해 기도하시다

20 《저는 그들을 위해서만이 아니라, 또한 그들의 립증을 통해 저를 믿는 사람들을 위해서도 기도하고 있습니다,

21 아버지, 당신께서 제 안에 계시고 제가 당신 안에 있는 것과 같이, 그들이 모두 하나가 되도록 기도하고 있습니다. 저는 그들이 우리 안에 있도록 기도합니다, 그래서 세상은 당신이 저를 보내셨다는 것을 믿을 것입니다.

22 당신께서 제게 주셨던 영광을 저는 그들에게 주었습니다, 그것은 우리가 하나인 것과 같이 그들도 하나가 되게 하려는 것입니다,

23 제가 그들 안에 그리고 당신이 제 안에, 즉 그들이 완전히 하나가 되게 하려는 것입니다, 그리함으로써 세상은 당신께서 저를 보내셨다는 것과 당신께서 저를 사랑하신 것같이 당신께서 그들을 사랑하신다는 것을 알 것입니다.

24 《아버지, 저는 당신께서 저에게 주신 사람들이 제가 있는 곳에 함께 있기를 원합니다. 그리하여 세상 창조 전에 당신께서 저를 사랑하셨기에 당신께서 저에게 주신 저의 영광을 그들이 볼 수 있을 것입니다.

25 정의로우신 아버지, 세상이 당신을 알지 못한다 하더라도, 저는 당신을 압니다, 그리고 이 사람들은 당신께서 저를 보내셨다는 것을 압니다.

26 저는 그들에게 당신의 이름을 알게 하였고, 저는 그것이 알려지게 하

make it known, so that the love you have loved me with may be in them, and I may be in them."

Betrayal and Arrest

1 When he had said these things, Jesus went out with his disciples across the Kidron Valley. There was an orchard there, and he and his disciples went into it.

2 (Now Judas, the one who betrayed him, knew the place too, because Jesus had met there many times with his disciples.)

3 So Judas obtained a squad of soldiers and some officers of the chief priests and Pharisees. They came to the orchard with lanterns and torches and weapons.

4 Then Jesus, because he knew everything that was going to happen to him, came and asked them, "Who are you looking for?"

5 They replied, "Jesus the Nazarene." He told them, "I am he." (Now Judas, the one who betrayed him, was standing there with them.)

6 So when Jesus said to them, "I am he," they retreated and fell to the ground.

7 Then Jesus asked them again, "Who are you looking for?" And they said, "Jesus the Nazarene."

는 것을 계속할 것입니다. 그리하여 당신께서 저를 사랑하셨던 그 사
랑이 그들 안에 있게 하고, 저도 그들 안에 있게 하려는 것입니다.

배반과 체포

1 예수님이 이런 것들을 말씀을 하신 후, 그분은 자기 제자들과 함
께 기드론 골짜기 건너편으로 나가셨다. 거기에는 한 과수원이 있
었고, 그분과 제자들은 거기에 들어갔다.

2 (그분을 배반했던 유다도 그 장소를 알고 있었다, 왜냐하면 예수님이
자기 제자들과 함께 거기에서 여러 번 만났기 때문이였다.)

3 그래서 유다는 군인 한 분대와 총제사장들과 바리새파 사람들의
경비병 몇 명을 받았다. 그들은 초롱들과 홰불들과 무기들을 가
지고 그 과수원으로 갔다.

4 그러자 예수님은, 자신에게 일어날 모든 것을 알고 계셨기에, 가서
그들에게 물으셨다,《너희가 누구를 찾고 있느냐?》

5 그들이 대답했다.《나사렛 사람 예수다》그분은 그들에게 말씀하
셨다.《내가 그 사람이다》(그분을 배반한 사람인 유다가 그들과 함
께 거기에 서 있었다.)

6 그래서 예수님이 그들에게《내가 그 사람이다》고 말씀하셨을 때,
그들은 뒤로 물러섰다가 땅에 넘어졌다.

7 그러자 예수님이 그들에게 다시 물으셨다.《너희가 누구를 찾고
있느냐?》그래서 그들이 말했다.《나사렛 사람 예수다.》

8 Jesus replied, "I told you that I am he. If you are looking for me, let these men go."

9 He said this to fulfill the word he had spoken, "I have not lost a single one of those whom you gave me."

10 Then Simon Peter, who had a sword, pulled it out and struck the high priest's slave, cutting off his right ear. (Now the slave's name was Malchus.)

11 But Jesus said to Peter, "Put your sword back into its sheath! Am I not to drink the cup that the Father has given me?"

Jesus Before Annas

12 Then the squad of soldiers with their commanding officer and the officers of the Jewish leaders arrested Jesus and tied him up.

13 They brought him first to Annas, for he was the father-in-law of Caiaphas, who was high priest that year.

14 (Now it was Caiaphas who had advised the Jewish leaders that it was to their advantage that one man die for the people.)

Peter's First Denial

15 Simon Peter and another disciple followed them as they brought Jesus to Annas. (Now the other disciple was acquainted with the high priest, and he went with Jesus into the high priest's courtyard.)

16 But Simon Peter was left standing outside by the door. So

8 예수님이 대답하셨다, 《나는 너희에게 내가 그 사람이라고 말했다. 만일 너희가 나를 찾고 있다면, 이 사람들은 가게 하여라.》

9 그분은 자신이 《나는 아버지께서 제게 주신 사람들 중 단 한 사람도 잃지 않았습니다》고 했던 그 말씀을 이루기 위해 이 말을 하셨다.

10 그때 칼을 가지고 있던 시몬 베드로가 그것을 뽑아 총제사장의 종을 쳐서, 그의 오른쪽 귀를 잘라 버렸다. (그 종의 이름은 말고였다.)

11 그러나 예수님은 베드로에게 말씀하셨다, 《네 칼을 그 칼집에 도로 꽂아라! 아버지께서 내게 주신 잔을 내가 마셔야 하지 않겠느냐?》

안나스 앞의 예수님

12 그러자 분대의 군인들이 그들의 지휘관과 유태인 지도자들의 경비병들과 함께 예수님을 체포하여 그분을 묶었다.

13 그들은 그분을 먼저 안나스에게 데려갔다, 왜냐하면 그는 그 해의 총제사장이였던 가야바의 가시아버지였기 때문이였다.

14 (가야바는 백성을 위해 한 사람이 죽는 것이 그들의 리익이라고 유태인 지도자들에게 충고했던 바로 그 사람이였다.)

베드로의 첫 번째 부인

15 그들이 예수님을 안나스에게 데려갔을 때, 시몬 베드로와 다른 제자가 그들을 따라갔다. (그 다른 제자는 총제사장과 잘 아는 사이였다, 그래서 그는 예수님과 함께 총제사장의 안마당으로 들어갔다.)

16 그러나 시몬 베드로는 대문 곁 밖에 선 채 남아 있었다. 그래서 총

the other disciple who was acquainted with the high priest came out and spoke to the slave girl who watched the door, and brought Peter inside.

17 The girl who was the doorkeeper said to Peter, "You're not one of this man's disciples too, are you?" He replied, "I am not."

18 (Now the slaves and the guards were standing around a charcoal fire they had made, warming themselves because it was cold. Peter also was standing with them, warming himself.)

Jesus Questioned by Annas

19 While this was happening, the high priest questioned Jesus about his disciples and about his teaching.

20 Jesus replied, "I have spoken publicly to the world. I always taught in the synagogues and in the temple courts, where all the Jewish people assemble together. I have said nothing in secret.

21 Why do you ask me? Ask those who heard what I said. They know what I said."

22 When Jesus had said this, one of the high priest's officers who stood nearby struck him on the face and said, "Is that the way you answer the high priest?"

23 Jesus replied, "If I have said something wrong, confirm what is wrong. But if I spoke correctly, why strike me?"

제사장과 잘 아는 사이였던 다른 제자가 나와서 문을 지키던 녀자 종에게 말하였고, 베드로를 안으로 데리고 들어갔다.

17 문지기였던 그 녀자가 베드로에게 말했다. 《당신도 이 남자의 제자들 중 한 사람은 아니지요, 그렇지요?》 그가 대답했다. 《나는 아니오.》

18 (종들과 경비병들은 그들이 피워 놓은 숯불 주위에서, 자기들의 몸을 녹이며 서 있었다, 왜냐하면 날씨가 추웠기 때문이였다. 베드로도 그들과 함께 자기 몸을 녹이면서 서 있었다.)

안나스에게 심문을 받으신 예수님

19 이런 일이 일어나고 있었을 때, 총제사장은 예수님에게 그분의 제자들에 대해서와 그분의 가르침에 대해서 질문했다.

20 예수님이 대답하셨다. 《나는 세상에 공공연히 말했다. 나는 언제나 모든 유태인들이 함께 모이는 곳인 군중회관과 신전 안마당에서 가르쳤다. 나는 아무것도 비밀리에 말하지 않았다.

21 어째서 당신은 내게 묻는가? 내가 말한 것을 들은 사람들에게 물어 보라. 그들은 내가 말한 것을 알고 있다.》

22 예수님이 이 말씀을 하셨을 때, 가까이에 서 있던 총제사장의 경비병들 중 한 사람이 그분의 얼굴을 때리며 말했다. 《그게 네가 총제사장께 대답하는 꼴이냐?》

23 예수님이 대답하셨다. 《만일 내가 잘못된 것을 말했다면, 무엇이 잘못인지 밝혀라. 그러나 만일 내가 옳게 말했다면, 어찌하여 나를 때리느냐?》

24 Then Annas sent him, still tied up, to Caiaphas the high priest.

Peter's Second and Third Denials

25 Meanwhile Simon Peter was standing in the courtyard warming himself. They said to him, "You aren't one of his disciples too, are you?" Peter denied it: "I am not!"

26 One of the high priest's slaves, a relative of the man whose ear Peter had cut off, said, "Did I not see you in the orchard with him?"

27 Then Peter denied it again, and immediately a rooster crowed.

Jesus Brought Before Pilate

28 Then they brought Jesus from Caiaphas to the Roman governor's residence. (Now it was very early morning.) They did not go into the governor's residence so they would not be ceremonially defiled, but could eat the Passover meal.

29 So Pilate came outside to them and said, "What accusation do you bring against this man?"

30 They replied, "If this man were not a criminal, we would not have handed him over to you."

31 Pilate told them, "Take him yourselves and pass judgment on him according to your own law!" The Jewish leaders replied, "We cannot legally put anyone to death."

32 (This happened to fulfill the word Jesus had spoken when he

24 그러자 안나스는, 여전히 묶여 있는, 그를 총제사장 가야바에게
보냈다.

베드로의 두 번째와 세 번째 부인

25 그 사이 시몬 베드로는 자기 몸을 녹이면서 안마당에 서 있었다.
그들이 그에게 말했다, 《당신도 저 사람의 제자들 중 한 사람은
아니지, 그렇지?》 베드로는 그것을 부인했다: 《나는 아니오!》

26 베드로가 귀를 잘랐던 남자의 친척인, 총제사장의 종들 중 한 사
람이 말했다, 《그 사람과 함께 과수원에 있던 당신을 내가 보지
않았던가?》

27 그러지 베드로가 그것을 나시 부인했다, 그리고 즉시 수탉이 울었다.

빌라도 앞에 끌려가신 예수님

28 그러자 그들은 예수님을 가야바로부터 로마 총독의 저택으로 데
려갔다. (때는 아주 이른 아침이였다) 그들은 례법상 더럽혀지지 않
고 건너뜀 명절 음식을 먹을 수 있도록 총독의 저택 안으로 들어
가지 않았다.

29 그래서 빌라도가 그들에게 밖으로 나와 말하였다, 《당신들은 무
슨 일로 이 사람을 고발하오?》

30 그들이 대답했다, 《만일 이 사람이 범죄자가 아니라면, 우리는 그
를 당신에게 넘기지 않았을 것입니다.》

31 빌라도가 그들에게 말했다, 《당신들이 직접 그를 데려가서 당신
자신들의 법대로 그에게 판결을 내리시오!》 유태인 지도자들이 대
답했다, 《우리는 법적으로 아무도 사형에 처할 수 없습니다.》

32 (이 일은 예수님이 어떤 식의 죽음으로 그분이 죽으실 것인지 암시하

indicated what kind of death he was going to die.)

Pilate Questions Jesus

33 So Pilate went back into the governor's residence, summoned Jesus, and asked him, "Are you the king of the Jews?"

34 Jesus replied, "Are you saying this on your own initiative, or have others told you about me?"

35 Pilate answered, "I am not a Jew, am I? Your own people and your chief priests handed you over to me. What have you done?"

36 Jesus replied, "My kingdom is not from this world. If my kingdom were from this world, my servants would be fighting to keep me from being handed over to the Jewish authorities. But as it is, my kingdom is not from here."

37 Then Pilate said, "So you are a king!" Jesus replied, "You say that I am a king. For this reason I was born, and for this reason I came into the world – to testify to the truth. Everyone who belongs to the truth listens to my voice."

38 Pilate asked, "What is truth?" When he had said this he went back outside to the Jewish leaders and announced, "I find no basis for an accusation against him.

39 But it is your custom that I release one prisoner for you at the Passover. So do you want me to release for you the king of the Jews?"

셨을 때 그분이 하셨던 말씀을 이루기 위해 일어났다.)

빌라도가 예수님을 심문하다

33 그래서 빌라도는 총독 저택으로 돌아가, 예수님을 불러들여 그분에게 물었다, 《네가 유태인의 왕이냐?》

34 예수님이 대답하셨다, 《너는 네 스스로 이 말을 하고 있는 것이냐, 아니면 다른 사람들이 나에 대해서 너에게 말했느냐?》

35 빌라도가 대답했다, 《나는 유태인이 아니다, 그렇지? 너의 민족과 너의 총제사장들이 너를 나에게 넘겼다. 네가 무슨 일을 했느냐?》

36 예수님이 대답하셨다, 《나의 왕국은 이 세상의 것이 아니다. 만일 나의 왕국이 이 세상의 것이었다면, 나의 부하들이 내가 유태인 권위자들에게 넘겨지는 것을 막기 위해 싸웠을 것이다. 그러나 사실인즉은, 나의 왕국은 이 세상의 것이 아니다.》

37 그러자 빌라도가 말했다, 《그렇다면 네가 왕이군!》 예수님이 대답하셨다, 《내가 왕이라는 것을 네가 말했다. 이러한 리유로 내가 태여났고, 이러한 리유로 나는 이 세상에 왔다 — 진리를 립증하기 위해서다. 누구든지 진리에 속한 사람들은 나의 목소리를 듣는다.》

38 빌라도가 물었다, 《진리가 무엇이냐?》 그가 이 말을 하고 그는 유태인 지도자들에게 밖으로 다시 나가서 공포하였다, 《나는 그를 고발할 근거를 찾지 못했소.

39 그러나 내가 건너뜀 명절에 당신들을 위해 죄수 하나를 석방해 주는 것이 당신들의 관례요. 그렇다면 당신들은 내가 이 유태인의 왕을 당신들에게 석방하기를 바라오?》

40 Then they shouted back, "Not this man, but Barabbas!" (Now Barabbas was a revolutionary.)

Pilate Tries to Release Jesus

1 Then Pilate took Jesus and had him flogged severely.

2 The soldiers braided a crown of thorns and put it on his head, and they clothed him in a purple robe.

3 They came up to him again and again and said, "Hail, king of the Jews!" And they struck him repeatedly in the face.

4 Again Pilate went out and said to the Jewish leaders, "Look, I am bringing him out to you, so that you may know that I find no reason for an accusation against him."

5 So Jesus came outside, wearing the crown of thorns and the purple robe. Pilate said to them, "Look, here is the man!"

6 When the chief priests and their officers saw him, they shouted out, "Crucify him! Crucify him!" Pilate said, "You take him and crucify him! Certainly I find no reason for an accusation against him!"

7 The Jewish leaders replied, "We have a law, and according to our law he ought to die, because he claimed to be the Son

40 그러자 그들이 되받아 소리쳤다, 《이 사람이 아니라, 바라바요!》
(바라바는 반란자였다)

19

빌라도가 예수님을 놓아주려고 애쓰다

1 그래서 빌라도는 예수님을 데려가서 그분을 호되게 채찍질하게
했다.

2 군인들은 가시나무로 왕관을 엮어 그것을 그분의 머리 우에 씌웠
다, 그리고 그들은 그분에게 자주빛 옷을 입혔다.

3 그들은 그분에게 거듭 다가가서 말했다, 《유태인의 왕 만세!》 그리
고 그들은 그분의 얼굴을 반복해서 때렸다.

4 다시 빌라도가 밖으로 나가 유태인 지도자들에게 말했다, 《보시
오, 내가 그를 당신들에게 데리고 나오겠소, 당신들은 내가 그를
고발하기 위한 아무런 리유를 찾지 못한 것을 알게 될 것이오.》

5 그래서 예수님이 가시나무 왕관을 쓰고 자주빛 옷을 입고 밖으로
나오셨다. 빌라도가 그들에게 말했다, 《보시오, 이 사람이오!》

6 총제사장들과 그들의 경비병들이 그분을 보고 난 후, 그들은 소리
쳤다, 《그를 십자사형틀에 못 박으시오! 그를 십자사형틀에 못 박
으시오!》 빌라도가 말했다, 《당신들이 그를 데려가 그를 십자사형
틀에 못 박으시오! 확실히 나는 그를 고발할 아무런 리유를 찾지
못하오!》

7 유태인 지도자들이 대답했다, 《우리에게 법이 있는데, 우리의 법
에 따르면 그는 마땅히 죽어야 합니다, 왜냐하면 그가 하나님의

of God!"

8 When Pilate heard what they said, he was more afraid than ever,

9 and he went back into the governor's residence and said to Jesus, "Where do you come from?" But Jesus gave him no answer.

10 So Pilate said, "Do you refuse to speak to me? Don't you know I have the authority to release you, and to crucify you?"

11 Jesus replied, "You would have no authority over me at all, unless it was given to you from above. Therefore the one who handed me over to you is guilty of greater sin."

12 From this point on, Pilate tried to release him. But the Jewish leaders shouted out, "If you release this man, you are no friend of Caesar! Everyone who claims to be a king opposes Caesar!"

13 When Pilate heard these words he brought Jesus outside and sat down on the judgment seat in the place called "The Stone Pavement" (*Gabbatha* in Aramaic).

14 (Now it was the day of preparation for the Passover, about noon.) Pilate said to the Jewish leaders, "Look, here is your king!"

15 Then they shouted out, "Away with him! Away with him! Crucify him!" Pilate asked, "Shall I crucify your king?" The high priests replied, "We have no king except Caesar!"

아들이라고 주장했기 때문입니다!》

8 빌라도가 그들이 말한 것을 듣고, 그는 어느 때보다도 더 두려워 하였다,

9 그리고 그는 총독 저택에 도로 들어가서 예수님에게 말했다,《너는 어디에서 왔느냐?》그러나 예수님은 그에게 대답을 주지 않으셨다.

10 그래서 빌라도가 말했다,《네가 나에게 말하기를 거부하느냐? 너는 내가 너를 놓아줄 권한을 가지고 있고, 너를 십자사형틀에 못 박을 권한도 가지고 있다는 것을 모르느냐?》

11 예수님이 대답하셨다,《권한이 너에게 우로부터 주어지지 않은 한, 너에게는 나에 대한 권한이 전혀 없다. 그러므로 너에게 나를 넘겨준 그 사람에게 더 큰 죄가 있다.》

12 이때부터, 빌라도는 그분을 놓아주려고 애썼다. 그러나 유태인 지도자들은 소리쳤다,《만일 당신이 이 사람을 풀어 주면, 당신은 가이사의 친구가 아닙니다! 왕이라고 주장하는 사람은 누구든지 가이사를 반역하는 것입니다!》

13 빌라도가 이런 말들을 듣고 난 후, 그는 예수님을 밖으로 데리고 나왔다, 그리고《돌로 포장된 바닥》(아람어로는 가바다)이라고 불리는 곳에 있는 재판관석에 앉았다.

14 (때는 건너뜀 명절을 준비하는 날, 낮 12시쯤이였다.) 빌라도가 유태인 지도자들에게 말했다,《보시오, 당신들의 왕이 여기 있소!》

15 그러자 그들이 소리쳤다,《그를 죽여 버리시오! 그를 죽여 버리시오! 그를 십자사형틀에 못 박으시오!》빌라도가 물었다,《내가 당신들의 왕을 십자사형틀에 못 박으라고?》총제사장들이 대답했다,《우리에게 가이사 외에는 왕이 없습니다!》

16 Then Pilate handed him over to them to be crucified.

The Crucifixion

So they took Jesus,

17 and carrying his own cross he went out to the place called "The Place of the Skull" (called in Aramaic *Golgotha*).

18 There they crucified him along with two others, one on each side, with Jesus in the middle.

19 Pilate also had a notice written and fastened to the cross, which read: "Jesus the Nazarene, the king of the Jews."

20 Thus many of the Jewish residents of Jerusalem read this notice, because the place where Jesus was crucified was near the city, and the notice was written in Aramaic, Latin, and Greek.

21 Then the chief priests of the Jews said to Pilate, "Do not write, 'The king of the Jews,' but rather, 'This man said, I am king of the Jews.'"

22 Pilate answered, "What I have written, I have written."

23 Now when the soldiers crucified Jesus, they took his clothes and made four shares, one for each soldier, and the tunic remained. (Now the tunic was seamless, woven from top to bottom as a single piece.)

24 So the soldiers said to one another, "Let's not tear it, but

16 그러자 빌라도가 십자사형틀에 못 박히도록 그분을 그들에게 넘겨주었다.

십자사형틀에 못 박히심

그래서 그들은 예수님을 데려갔다,

17 그리고 자기 자신의 십자사형틀을 지고 그분은 《해골터》(아람어로 골고다)라 불리는 곳으로 가셨다.

18 거기에서 그들은 예수님을 가운데로, 량쪽에 한 명씩, 다른 두 사람과 함께 예수님을 십자사형틀에 못 박았다.

19 빌라도는 또한 《나사렛 사람 예수, 유태인의 왕》이라고 적힌 알림판을 써서 십자사형틀에 단단히 고정시켰다.

20 이리하여 예루살렘의 유태인 거주자들 중 많은 사람이 이 알림판을 읽었다, 왜냐하면 예수님이 십자사형틀에 못 박히셨던 그곳은 시내에서 가까웠고, 알림판이 아랍어, 라틴어, 그리고 그리스어로 씌여졌기 때문이였다.

21 그러자 유태인의 총제사장들이 빌라도에게 말했다, 《《유태인의 왕〉이라 쓰지 말고, 차라리 〈이 사람이 나는 유태인의 왕이다라고 말했다〉고 쓰십시오.》

22 빌라도가 대답했다, 《내가 쓸 것을 내가 썼소.》

23 군인들이 예수님을 십자사형틀에 못 박고 나서, 그들은 그분의 옷을 가져다가, 군인마다 한 몫씩, 네 몫을 만들었다, 그리고 속옷이 남았다. (맨 우에서 맨 끝까지 통으로 짜여진 속옷은 이음새가 없었다.)

24 그래서 군인들은 서로에게 말했다, 《그것을 찢지 말고, 누가 그것

throw dice to see who will get it." This took place to fulfill the scripture that says, ***They divided my garments among them, and for my clothing they threw dice.*** So the soldiers did these things.

25 Now standing beside Jesus' cross were his mother, his mother's sister, Mary the wife of Clopas, and Mary Magdalene.

26 So when Jesus saw his mother and the disciple whom he loved standing there, he said to his mother, "Woman, look, here is your son!"

27 He then said to his disciple, "Look, here is your mother!" From that very time the disciple took her into his own home.

Jesus' Death

28 After this Jesus, realizing that by this time everything was completed, said (in order to fulfill the scripture), "I am thirsty!"

29 A jar full of sour wine was there, so they put a sponge soaked in sour wine on a branch of hyssop and lifted it to his mouth.

30 When he had received the sour wine, Jesus said, "It is completed!" Then he bowed his head and gave up his spirit.

31 Then, because it was the day of preparation, so that the bodies should not stay on the crosses on the Sabbath (for that Sabbath was an especially important one), the Jewish leaders asked Pilate to have the victims' legs broken and the

을 가져갈지 알기 위해 주사위를 던지자.》이 일은《그들이 내 옷을 그들 가운데서 나누었고, 내 옷을 걸고 그들은 주사위를 던졌다》고 말한 하나님의 약속 말씀을 이루기 위해 일어났다. 그래서 군인들이 이런 일들을 했다.

25 예수님의 십자사형틀 곁에는 그분의 어머니, 그분의 어머니의 녀동생, 글로바의 아내 마리아와 막달라 마리아가 서 있었다.

26 그래서 예수님이 자기 어머니와 그분이 사랑하신 제자가 거기에 서 있는 것을 보시고, 그분은 자기 어머니에게 말씀하셨다,《녀인이여, 보십시오, 당신의 아들입니다!》

27 그리고 예수님은 자기 제자에게 말씀하셨다,《보아라, 너의 어머니시다!》바로 그때부터 그 제자는 그 녀자를 자기의 집으로 모셨다.

예수님의 죽음

28 이 일 후에 예수님은, 이제 모든 것이 이루어진 것을 아시고, 말씀하셨다(하나님의 약속 말씀을 이루기 위해서),《내가 목마르다!》

29 시큼한 포도술로 가득 찬 단지 하나가 거기 있었다, 그래서 그들은 시큼한 포도술에 적셔진 해면을 박하나무 가지에 끼워 그것을 그분의 입에 들어 올렸다.

30 예수님이 시큼한 포도술을 받으시고, 그분은 말씀하셨다,《다 이루어졌다!》그리고 그분은 자신의 머리를 떨구고 자신의 령을 내주셨다.

31 그런데, 그날은 준비일이였으므로, 그 시체들이 은정의 휴식일에 십자사형틀 우에 남아 있지 않도록 하기 위해 (왜냐하면 그 은정의 휴식일은 특별히 중요한 날이기 때문이였다), 유태인 지도자들은 빌라도에게 희생자들의 다리들을 부러뜨리고 시체들을 내려 달라고

bodies taken down.

32 So the soldiers came and broke the legs of the two men who had been crucified with Jesus, first the one and then the other.

33 But when they came to Jesus and saw that he was already dead, they did not break his legs.

34 But one of the soldiers pierced his side with a spear, and blood and water flowed out immediately.

35 And the person who saw it has testified (and his testimony is true, and he knows that he is telling the truth), so that you also may believe.

36 For these things happened so that the scripture would be fulfilled, "**Not a bone of his will be broken.**"

37 And again another scripture says, "**They will look on the one whom they have pierced.**"

Jesus' Burial

38 After this, Joseph of Arimathea, a disciple of Jesus (but secretly, because he feared the Jewish leaders), asked Pilate if he could remove the body of Jesus. Pilate gave him permission, so he went and took the body away.

39 Nicodemus, the man who had previously come to Jesus at night, accompanied Joseph, carrying a mixture of myrrh and aloes weighing about seventy-five pounds.

요구했다.

32 그래서 군인들이 가서 예수님과 함께 십자사형틀에 못 박힌 두 사람의 다리들을, 먼저 한 사람을 그리고 난 다음에 다른 사람을, 부러뜨렸다.

33 그러나 그들이 예수님에게 가서 그분이 이미 죽으신 것을 보고는, 그들은 그분의 량다리를 부러뜨리지 않았다.

34 그러나 그 군인들 중 한 명이 그분의 옆구리를 창으로 찔렀고, 즉시 피와 물이 쏟아져 나왔다.

35 그리고 그것을 본 사람이 립증하였다. (그리고 그의 립증은 참되며, 그는 자신이 진실을 말하고 있다는 것을 알고 있다), 그리하여 당신들도 믿게 하려는 것이다.

36 이런 일이 일어난 것은 《그의 뼈가 하나도 부러지지 않을 것이다》라는 하나님의 약속 말씀이 이루어지도록 하기 위해서였다.

37 그리고 또 다른 하나님의 약속 말씀은 말한다, 《그들은 자기들이 찌른 그 사람을 바라볼 것이다.》

예수님의 장례

38 이 일 후에, 예수님의 한 제자(그러나 비밀리에, 왜냐하면 그가 유태인 지도자들을 두려워했기 때문이었다)인 아리마대의 요셉이 빌라도에게 자기가 예수님의 시체를 가져갈 수 있을지 물어보았다. 빌라도가 그에게 허락을 해주었다, 그래서 그는 가서 시체를 가져갔다.

39 이전에, 밤에 예수님에게 갔던 사람 니고데모가 무게가 75파운드(33키로그람)쯤 나가는 몰약과 알로에의 혼합물을 가지고, 요셉과 같이 갔다.

40 Then they took Jesus' body and wrapped it, with the aromatic spices, in strips of linen cloth according to Jewish burial customs.

41 Now at the place where Jesus was crucified there was a garden, and in the garden was a new tomb where no one had yet been buried.

42 And so, because it was the Jewish day of preparation and the tomb was nearby, they placed Jesus' body there.

20

The Resurrection

1 Now very early on the first day of the week, while it was still dark, Mary Magdalene came to the tomb and saw that the stone had been moved away from the entrance.

2 So she went running to Simon Peter and the other disciple whom Jesus loved and told them, "They have taken the Lord from the tomb, and we don't know where they have put him!"

3 Then Peter and the other disciple set out to go to the tomb.

4 The two were running together, but the other disciple ran faster than Peter and reached the tomb first.

5 He bent down and saw the strips of linen cloth lying there, but he did not go in.

40 그런 후 그들은 예수님의 시체를 가져다가 유태인의 장례 풍습에 따라, 향기 나는 향료와 함께, 아마천으로 시체를 쌌다.

41 예수님이 십자사형틀에서 못 박히셨던 곳에 한 뜰이 있었다, 그리고 그 뜰에는 아직 아무도 묻힌 적이 없는 새 무덤이 있었다.

42 그래서, 때가 유태인의 준비일이였고 그 무덤이 가까이에 있었기 때문에, 그들은 예수님의 시체를 거기에 두었다.

20

부활

1 그 주간 첫날 아주 일찌기, 때가 아직 어두웠을 동안에, 막달라 마리아가 무덤에 가서 돌이 입구로부터 옮겨져 있는 것을 보았다.

2 그래서 그 녀자는 시몬 베드로와 예수님이 사랑하신 다른 제자에게 달려가서 그들에게 말했다, 《사람들이 주님을 무덤에서 꺼내 갔어요, 그런데 우리는 그들이 그분을 어디에 두었는지 모르겠습니다!》

3 그러자 베드로와 다른 제자가 무덤으로 가려고 떠났다.

4 두 사람은 함께 달려갔으나, 그 다른 제자가 베드로보다 더 빨리 달려 무덤에 먼저 도착했다.

5 그는 몸을 굽혀 거기에 놓여 있던 아마천 옷 쪼각들을 보았다, 그러나 그는 안으로 들어가지 않았다.

6 Then Simon Peter, who had been following him, arrived and went right into the tomb. He saw the strips of linen cloth lying there,

7 and the face cloth, which had been around Jesus' head, not lying with the strips of linen cloth but rolled up in a place by itself.

8 Then the other disciple, who had reached the tomb first, came in, and he saw and believed.

9 (For they did not yet understand the scripture that Jesus must rise from the dead.)

Jesus' Appearance to Mary Magdalene

10 So the disciples went back to their homes.

11 But Mary stood outside the tomb weeping. As she wept, she bent down and looked into the tomb.

12 And she saw two angels in white sitting where Jesus' body had been lying, one at the head and one at the feet.

13 They said to her, "Woman, why are you weeping?" Mary replied, "They have taken my Lord away, and I do not know where they have put him!"

14 When she had said this, she turned around and saw Jesus standing there, but she did not know that it was Jesus.

6 그러자 그를 뒤따라 온 시몬 베드로가 도착해서 곧바로 무덤 안으로 들어갔다. 그는 거기에 놓여 있는 아마천 옷 쪼각들을 보았다,

7 그리고 예수님의 머리에 둘러져 있던 얼굴 천이 아마천 쪼각들과 같이 놓여 있지 않고 한곳에 따로 개여져 있는 것을 보았다.

8 그때에야 무덤에 먼저 도착했던 다른 제자가 들어갔다, 그리고 그가 보았고 믿었다.

9 (왜냐하면 그들은 예수님이 죽은 사람들로부터 살아나야 한다는 하나님의 약속 말씀을 아직 깨닫지 못했기 때문이였다.)

막달라 마리아에게 예수님의 나타나심

10 그래서 제자들은 자기들의 집으로 돌아갔다.

11 그러나 마리아는 무덤 바깥에 울며 서 있었다. 그 녀자는 울다가, 몸을 굽혀 무덤 안을 들여다보았다.

12 그리고 그 녀자는 예수님의 시체가 놓여 있던 곳에 앉아 있는 흰 옷 입은 두 천사를 보았다, 한 천사는 머리 쪽에 그리고 또 한 천사는 발 쪽에 있었다.

13 그들이 그 녀자에게 말했다, 《녀자여, 네가 왜 울고 있느냐?》 마리아가 대답했다, 《사람들이 나의 주님을 꺼내 갔습니다, 그런데 나는 그들이 그분을 어디에 두었는지 알지 못합니다!》

14 그 녀자가 이 말을 하고 난 후, 그 녀자는 돌아섰고 거기에 서 계신 예수님을 보았다, 그러나 그 녀자는 그가 예수님인 것을 알지 못했다.

15 Jesus said to her, "Woman, why are you weeping? Who are you looking for?" Because she thought he was the gardener, she said to him, "Sir, if you have carried him away, tell me where you have put him, and I will take him."

16 Jesus said to her, "Mary." She turned and said to him in Aramaic, "Rabboni" (which means Teacher).

17 Jesus replied, "Do not touch me, for I have not yet ascended to my Father. Go to my brothers and tell them, 'I am ascending to my Father and your Father, to my God and your God.'"

18 Mary Magdalene came and informed the disciples, "I have seen the Lord!" And she told them what Jesus had said to her.

Jesus' Appearance to the Disciples

19 On the evening of that day, the first day of the week, the disciples had gathered together and locked the doors of the place because they were afraid of the Jewish leaders. Jesus came and stood among them and said to them, "Peace be with you."

20 When he had said this, he showed them his hands and his side. Then the disciples rejoiced when they saw the Lord.

21 So Jesus said to them again, "Peace be with you. Just as the Father has sent me, I also send you."

15 예수님이 그 녀자에게 말씀하셨다, 《녀자여, 네가 왜 울고 있느냐? 너는 누구를 찾고 있느냐?》 그 녀자는 그를 원예사라고 생각했기 때문에, 그 녀자가 그에게 말했다. 《여보세요, 만일 당신이 그분을 옮겨 갔다면, 당신이 그분을 어디에 두었는지 나에게 말해 주시오, 그러면 내가 그분을 모셔 가겠소》

16 예수님이 그 녀자에게 《마리아야》라고 말씀하셨다. 그 녀자가 돌아서서 그분에게 아람어로 말했다, 《랍오니》 (이것은 스승님이라는 뜻).

17 예수님이 대답하셨다, 《나에게 손대지 말라, 왜냐하면 내가 아직 나의 아버지께로 올라가지 않았기 때문이다. 나의 형제들에게 가서 그들에게 말하여라, 〈내가 나의 아버지이시며 너희 아버지이신 분께로, 나의 하나님이시며 너희 하나님이신 분께로 올라갈 것이다.〉》

18 막달라 마리아가 가서 제자들에게 알렸다, 《내가 주님을 보았습니다!》 그리고 그 녀자는 예수님이 자기에게 하신 말씀을 그들에게 전했다.

제자들에게 예수님의 나타나심

19 그 주간의 첫날인 그날 저녁에, 제자들은 함께 모였고 그곳의 문들을 잠갔다 왜냐하면 그들은 유태인 지도자들을 두려워했기 때문이였다. 예수님이 오셔서 그들 가운데 서서 말씀하셨다, 《평안이 너희와 함께 있기를.》

20 그분이 이 말씀을 하신 후, 그분은 그들에게 자신의 량손과 자신의 옆구리를 보여 주셨다. 그러자 제자들은 주님을 보고 그들이 무척 기뻐했다.

21 그래서 예수님이 다시 그들에게 말씀하셨다, 《평안이 너희와 함께 있기를. 아버지께서 나를 보내신 것 같이, 나 또한 너희를 보낸다.》

22 And after he said this, he breathed on them and said, "Receive the Holy Spirit.

23 If you forgive anyone's sins, they are forgiven; if you retain anyone's sins, they are retained."

The Response of Thomas

24 Now Thomas (called Didymus), one of the twelve, was not with them when Jesus came.

25 The other disciples told him, "We have seen the Lord!" But he replied, "Unless I see the wounds from the nails in his hands, and put my finger into the wounds from the nails, and put my hand into his side, I will never believe it!"

26 Eight days later the disciples were again together in the house, and Thomas was with them. Although the doors were locked, Jesus came and stood among them and said, "Peace be with you!"

27 Then he said to Thomas, "Put your finger here, and examine my hands. Extend your hand and put it into my side. Do not continue in your unbelief, but believe."

28 Thomas replied to him, "My Lord and my God!"

29 Jesus said to him, "Have you believed because you have seen me? Blessed are the people who have not seen and yet have believed."

22 그리고 그분이 이 말씀을 하신 후, 그분은 그들에게 숨을 내쉬며 말씀하셨다, 《성령을 받아라.

23 만일 너희가 누군가의 죄들을 용서하면, 그것들은 용서된다, 만일 너희가 누군가의 죄들을 간직하면, 그것들은 그대로 남아 있다.》

도마의 반응

24 열두 사람 중 한 명인 도마(디두모라고 불리움)는 예수님이 오셨을 때 그들과 함께 있지 않았다.

25 다른 제자들이 그에게 말했다, 《우리가 주님을 보았다!》 그러나 그가 대답했다, 《내가 그분의 두 손에 못으로부터 생긴 상처를 보고, 못으로부터 난 상처에 나의 손가락을 넣어 보고, 그분의 옆구리에 나의 손을 넣어 보지 않고는, 나는 그것을 결코 믿지 않을 것이다!》

26 8일 후에 제자들이 다시 그 집에 함께 있었고, 도마가 그들과 같이 있었다. 비록 문들은 잠겨 있었지만, 예수님이 오셔서 그들 가운데 서서 말씀하셨다, 《평안이 너희와 함께 있기를!》

27 그런 다음 그분이 도마에게 말씀하셨다, 《너의 손가락을 여기에 대여 보아라, 그리고 나의 량손을 살펴보아라. 너의 손을 내밀어서 그것을 나의 옆구리에 넣어 보아라. 너의 의심 속에 머물러 있지 말고, 믿어라.》

28 도마가 그분에게 대답했다, 《나의 주님 그리고 나의 하나님!》

29 예수님이 그에게 말씀하셨다, 《너는 나를 보았기 때문에 믿었느냐? 보지 않았지만 믿은 사람들은 복이 있다.》

30 Now Jesus performed many other miraculous signs in the presence of the disciples, which are not recorded in this book.

31 But these are recorded so that you may believe that Jesus is the Christ, the Son of God, and that by believing you may have life in his name.

21

Jesus' Appearance to the Disciples in Galilee

1 After this Jesus revealed himself again to the disciples by the Sea of Tiberias. Now this is how he did so.

2 Simon Peter, Thomas (called Didymus), Nathanael (who was from Cana in Galilee), the sons of Zebedee, and two other disciples of his were together.

3 Simon Peter told them, "I am going fishing." "We will go with you," they replied. They went out and got into the boat, but that night they caught nothing.

4 When it was already very early morning, Jesus stood on the beach, but the disciples did not know that it was Jesus.

5 So Jesus said to them, "Children, you don't have any fish, do you?" They replied, "No."

6 He told them, "Throw your net on the right side of the boat, and you will find some." So they threw the net, and were not able to pull it in because of the large number of fish.

30 예수님은 제자들 앞에서 이 책에 기록되지 않은 다른 많은 기적적
인 증표들을 보여 주셨다.

31 그러나 이것들은 너희로 하여금 하나님의 아들인 예수님이 그리
스도이시라는 것을 믿도록 하기 위해서, 그리고 믿음으로써 너희
가 그분의 이름으로 생명을 얻도록 하기 위해서 기록되었다.

21

갈릴리에서 제자들에게 예수님의 나타나심

1 이 일 후에 예수님이 디베랴 바다가에서 제자들에게 다시 자신을
나타내셨다. 이것은 그분이 어떻게 그렇게 하셨는가이다.

2 시몬 베드로, 도마(디두모라 불리움), 나다나엘(갈릴리 가나에서 온
사람), 세배대의 아들들, 그리고 그분의 다른 두 제자들이 함께 있
었다.

3 시몬 베드로가 그들에게 말했다, 《나는 물고기 잡으러 간다.》《우
리도 너와 함께 가겠다》, 그들이 대답했다. 그들이 나가서 배에 올
랐으나, 그날 밤에 그들은 아무것도 잡지 못하였다.

4 아주 이른 아침에, 예수님이 바다가에 서 계셨다, 그러나 제자들
은 그분이 예수님이였다는 것을 알지 못했다.

5 그래서 예수님이 그들에게 말씀하셨다, 《애들아, 너희에게 물고기
한 마리도 없지, 그렇지?》 그들은 《예》라고 대답했다.

6 그분이 그들에게 말씀하셨다, 《너희 그물을 배 오른편에 던져라,
그러면 너희가 좀 얻을 것이다》 그래서 그들이 그물을 던졌다, 그
리고 많은 수의 물고기 때문에 그것을 끌어올릴 수가 없었다.

7 Then the disciple whom Jesus loved said to Peter, "It is the Lord!" So Simon Peter, when he heard that it was the Lord, tucked in his outer garment (for he had nothing on underneath it), and plunged into the sea.

8 Meanwhile the other disciples came with the boat, dragging the net full of fish, for they were not far from land, only about a hundred yards.

9 When they got out on the beach, they saw a charcoal fire ready with a fish placed on it, and bread.

10 Jesus said, "Bring some of the fish you have just now caught."

11 So Simon Peter went aboard and pulled the net to shore. It was full of large fish, one hundred fifty-three, but although there were so many, the net was not torn.

12 "Come, have breakfast," Jesus said. But none of the disciples dared to ask him, "Who are you?" because they knew it was the Lord.

13 Jesus came and took the bread and gave it to them, and did the same with the fish.

14 This was now the third time Jesus was revealed to the disciples after he was raised from the dead.

Peter's Restoration

15 Then when they had finished breakfast, Jesus said to Simon

7 그러자 예수님이 사랑하신 제자가 베드로에게 말했다, 《주님이시다!》 그래서 시몬 베드로는, 그가 그분이 주님이시다라는 것을 들었을 때, 자기 겉옷을 걸쳐 입고 바다로 뛰어들었다 (왜냐하면 그가 겉옷 속에 아무것도 입지 않았기 때문이였다).

8 그 사이에 다른 제자들은 배를 타고, 물고기로 가득 찬 그물을 끌면서 왔다, 왜냐하면 그들은 륙지로부터 겨우 100야드(90메터) 정도 되는 멀지 않은 곳에 있었기 때문이였다.

9 그들이 바다가에 내렸을 때, 그들은 준비된 숯불 우에 놓인 물고기와 빵을 보았다.

10 예수님이 말씀하셨다, 《너희가 방금 잡은 물고기 몇 마리를 가져오라.》

11 그래서 시몬 베드로가 배에 올라가서 그물을 해변으로 끌어왔다. 그것은 153마리의 큰 물고기들로 가득 차 있었다, 그러나 그렇게 많았는데도, 그물은 찢어지지 않았다.

12 《와서, 아침식사를 하여라》 예수님이 말씀하셨다. 그러나 제자들 중 그 누구도 그분에게 《당신은 누구십니까?》라고 감히 묻지 못하였다, 왜냐하면 그들은 그분이 주님이신 것을 알았기 때문이였다.

13 예수님이 가서 빵을 집어 그것을 그들에게 주셨다, 그리고 물고기를 가지고도 그렇게 하셨다.

14 이것은 예수님이 죽은 사람들로부터 살아나신 후에 제자들에게 나타나셨던 세 번째 일이였다.

베드로의 회복

15 그다음 그들이 아침식사를 마쳤을 때, 예수님이 시몬 베드로에게

Peter, "Simon, son of John, do you love me more than these do?" He replied, "Yes, Lord, you know I love you." Jesus told him, "Feed my lambs."

16 Jesus said a second time, "Simon, son of John, do you love me?" He replied, "Yes, Lord, you know I love you." Jesus told him, "Shepherd my sheep."

17 Jesus said a third time, "Simon, son of John, do you love me?" Peter was distressed that Jesus asked him a third time, "Do you love me?" and said, "Lord, you know everything. You know that I love you." Jesus replied, "Feed my sheep.

18 I tell you the solemn truth, when you were young, you tied your clothes around you and went wherever you wanted, but when you are old, you will stretch out your hands, and others will tie you up and bring you where you do not want to go."

19 (Now Jesus said this to indicate clearly by what kind of death Peter was going to glorify God.) After he said this, Jesus told Peter, "Follow me."

Peter and the Disciple Jesus Loved

20 Peter turned around and saw the disciple whom Jesus loved following them. (This was the disciple who had leaned back against Jesus' chest at the meal and asked, "Lord, who is the one who is going to betray you?")

말씀하셨다.《요한의 아들 시몬아, 이 사람들이 나를 사랑하는 것
보다, 네가 나를 더 사랑하느냐?》그가 대답했다.《예, 주님, 당신
은 제가 당신을 사랑하는 것을 아십니다.》예수님이 그에게 말씀
하셨다.《나의 어린 양들을 먹여라.》

16 예수님이 두 번째로 말씀하셨다.《요한의 아들 시몬아, 네가 나를
사랑하느냐?》그가 대답했다.《예, 주님, 당신이 제가 당신을 사
랑하는 것을 아십니다.》예수님이 그에게 말씀하셨다.《내 양들을
돌보아라.》

17 예수님이 세 번째로 말씀하셨다.《요한의 아들 시몬아, 네가 나
를 사랑하느냐?》베드로는 예수님이 그에게《네가 나를 사랑하느
냐?》고 세 번 물어보셔서 근심이 되였다.《주님, 당신은 모든 것을
아십니다. 당신은 제가 당신을 사랑하는 것을 아십니다.》예수님
이 대답하셨다.《나의 양들을 먹여라.

18 내가 너에게 확고한 진리를 말한다. 네가 젊었을 때, 너는 너의 옷
을 네 몸에 동이고 네가 원하는 어느 곳이든 갔다, 그러나 네가 늙
으면, 너는 너의 량손을 펼 것이고 다른 사람들이 너를 동여 주고
네가 가고 싶어 하지 않는 곳으로 너를 데려갈 것이다.》

19 (예수님은 베드로가 어떤 식의 죽음으로 하여 하나님을 영광스럽게
할 것인지 명백하게 알려주기 위해 이것을 말씀하셨다.) 그분이 이것
을 말씀하신 후에, 예수님은 베드로에게 말씀하셨다.《나를 따라
오라》

베드로와 예수님이 사랑하신 제자

20 베드로가 뒤돌아 그들을 따라오고 있는 예수님께서 사랑하신 제
자를 보았다. (이 사람은 식사 때 예수님의 가슴에 기대여《주님, 당
신을 배반하려는 사람이 누구입니까?》라고 물었던 그 제자였다.)

21 So when Peter saw him, he asked Jesus, "Lord, what about him?"

22 Jesus replied, "If I want him to live until I come back, what concern is that of yours? You follow me!"

23 So the saying circulated among the brothers and sisters that this disciple was not going to die. But Jesus did not say to him that he was not going to die, but rather, "If I want him to live until I come back, what concern is that of yours?"

A Final Note

24 This is the disciple who testifies about these things and has written these things, and we know that his testimony is true.

25 There are many other things that Jesus did. If every one of them were written down, I suppose the whole world would not have room for the books that would be written.

21 그래서 베드로가 그를 보았을 때, 그는 예수님께 물었다, 《주님, 그는 어떻게 되겠습니까?》

22 예수님이 대답하셨다, 《만일 내가 돌아올 때까지 그가 살아 있기를 내가 원한다고 해도, 그것이 너와 무슨 상관이 있느냐? 너는 나를 따라오라!》

23 그래서 형제들과 자매들 사이에서는 이 제자가 죽지 않을 것이라는 말이 돌았다. 그러나 예수님은 그에게 그가 죽지 않을 것이라고 말씀하신 것이 아니라, 《만일 내가 돌아올 때까지 그가 살아 있기를 내가 원한다고 해도, 그것이 너와 무슨 상관이 있느냐?》라고 말씀하신 것이었다.

마지막 기록

24 이 사람이 이러한 일들에 대해 립증하고 이러한 일들을 기록한 그 제자이다, 그리고 우리는 그의 립증이 진실하다는 것을 알고 있다.

25 예수님께서 하신 다른 많은 일들이 있다. 만일 그것들 모두가 글로 쓰여진다면, 나는 온 세상에 글로 쓰여진 그 책들을 위한 공간이 없을 것이라고 생각한다.

| 부록 |

평양말 찬양가

일러두기

❖ 찬양가 제목의 가나다 순으로 수록하였다.

❖ 각 제목 아래에는 작사자 이름과 작사 연도를
명시하였다.

❖ 김현식 교수(PBI 대표)가 원곡의 영어 가사를
평양말로 번역하고, 이유정 목사(예배사역
연구소 대표)가 감수하였다.

갈보리 산 우에

G. Bennard, 1913

1   갈보리 산 우에 십자틀 섰으니 주님 고난을 당한 표라
　　험한 십자틀을 내가 사랑함은 주님 피 흘린 은정일세

2   멸시함을 받은 주님 십자틀에 나의 마음이 끌리노라
　　귀한 어린 양이 영광 다 버리고 험한 십자틀 지심일세

3   험한 십자틀에 주님 흘린 피를 믿는 맘으로 바라보니
　　나를 용서하고 내 죄 씻으시려 주님 흘리신 귀한 피라

4   주님 마련하신 나의 고향 집에 나를 부르실 그날까지
　　험한 십자틀을 항상 달게 지고 내가 죽도록 충성하리

후렴 최후 승리를 얻기까지 주님 십자틀 사랑하리
　　빛난 면류관 받기까지 험한 십자틀 붙들겠네

나 같은 죄인 살리신

J. Newton, 1779

1 나 같은 죄인 살리신 주 은정 놀라워
   잃었던 생명 찾았고 밝은 빛 얻었네

2 큰 죄악에서 건지신 주 은정 고마워
   나 처음 믿은 그 시간 귀하고 귀하다

3 지금껏 내가 산 것도 주님 은정이라
   또 나를 장차 본향에 이끌어 주시네

4 거기서 우리 영원히 주님 은정으로
   해처럼 밝게 살면서 주 찬양하겠네

내 령혼이 은정 입어

C. F. Butler, 1898

1 내 령혼이 은정 입어 지은 죄를 벗고 나니
슬픔 많은 이 세상도 천국으로 변하노라

2 주의 얼굴 뵙기 전에 멀리 뵈던 하늘나라
내 맘 속에 이뤄지니 날로 날로 가깝구나

3 높은 산이 거친 들이 움막이나 궁전이나
내 주 예수 모신 곳이 그 어디나 하늘나라

후렴 할렐루야 찬양하세 내 모든 죄 용서받고
주 예수와 함께하니 그 어디나 하늘나라

아 하나님의 은정은

D. W. Whittle, 1883

1 아 하나님의 은정은 이 쓸데없는 자
   왜 용서하여 주는지 난 알 수 없다네

2 왜 내게 기쁜 소식과 또 믿음 주셔서
   내 맘이 항상 편한지 난 알 수 없다네

3 왜 내게 성령 주셔서 내 맘을 감동해
   주 예수 믿게 하는지 난 알 수 없다네

4 주 언제 다시 오실지 혹 밤에 혹 낮에
   또 주님 만날 그곳도 난 알 수 없다네

후렴 내가 믿고 또 의지함은 내 모든 형편 잘 아는 주님
   늘 돌보아 주실 것을 나는 확실히 아네

예수를 나의 구주 삼고

F. J. Crosby, 1873

1   예수를 나의 구주 삼고 성령과 피로써 태여나니
이 세상에서 내 령혼이 하늘의 영광 누리노라

2   완전히 주께 맡긴 내 령 사랑의 음성을 듣는 중에
천사들 왕래하는 것과 하늘의 영광 보게 되리

3   주 안에 기쁨 누리므로 마음의 풍랑이 잔잔하니
세상과 나는 간 곳 없고 나 살린 주만 보이노라

후렴   이것이 나의 증언이요 이것이 나의 찬양일세
나 사는 동안 끊임없이 구세주 은정 찬양하리

죄에서 자유를 얻게 함은

L. E. Jones, 1899

1 죄에서 자유를 얻게 함은 예수님의 피 존귀한 피
   유혹을 이기는 승리 되니 참 놀라운 능력이라네

2 육체의 욕망을 이길 힘은 예수님의 피 존귀한 피
   깨끗한 마음을 얻게 하니 참 놀라운 능력이라네

3 눈보다 더 희게 맑히는 것 예수님의 피 존귀한 피
   더러운 모든 것 맑히시니 참 놀라운 능력이라네

4 구원의 소식을 전할 제목 예수님의 피 존귀한 피
   날마다 나에게 찬양 주니 참 놀라운 능력이라네

후렴 예수의 피 능력 있다오 그의 피 믿으오
   예수의 피 그 어린 양의 매우 귀중한 피라네

환난과 박해 중에도

F. W. Faber. 1849

1   환난과 박해 중에도 성도는 신앙 지켰네
    이 신앙 생각할 때에 기쁨이 충만하누나
    성도의 신앙 따라서 죽도록 충성하겠네

2   옥중에 매인 성도나 양심은 자유 지켰네
    우리도 고난 받으면 죽어도 영광 되리라
    성도의 신앙 따라서 죽도록 충성하겠네

3   성도의 신앙 본받아 원쑤도 사랑하겠네
    인자한 언어 행실로 이 신앙 전파하리라
    성도의 신앙 따라서 죽도록 충성하겠네

영어 – 평양말 대역 성경 | 예수 후편

하나님의 약속 : 요한

2013. 10. 16. 초판 1쇄 인쇄
2013. 10. 23. 초판 1쇄 발행
엮은이 평양성경연구소

펴낸이 정애주 **편집팀** 송승호 한미영 김기민 김준표 정한나 박혜민
디자인팀 김진성 박세정 조주영 **제작팀** 윤태웅 임승철 김의연
마케팅팀 차길환 국효숙 박상신 오형탁 곽현우 송민영 **경영지원팀** 오민택 마명진 윤진숙 염보미

펴낸곳 주식회사 홍성사 **등록번호** 제1–499호 1977. 8. 1.
주소 (121–897) 서울시 마포구 합정동 369–43
전화 02) 333–5161 **팩스** 02) 333–5165
홈페이지 www.hsbooks.com **이메일** hsbooks@hsbooks.com
트위터 twitter.com/hongsungsa **페이스북** facebook.com/hongsungsa
양화진책방 02) 333–5163